MANUEL

DE

GRAMMAIRE FRANÇAISE

A L'USAGE DES ÉCOLES PRIMAIRES

de la Société de Marie.

F. M. B.

QUATRIÈME ÉDITION.

LONS-LE-SAUNIER,

Chez Mme GAUTHIER sœur et Cie, libraires-éditeurs.

1866.

X

28482

MANUEL

DE

GRAMMAIRE FRANÇAISE.

Lons-le-Saunier, imp. de Gauthier frères.

MANUEL

DE

GRAMMAIRE FRANÇAIS

A L'USAGE DES ÉCOLES PRIMAIRES

de la Société de Marie.

D. M. D.

QUATRIÈME ÉDITION.

LONS-LE-SAUNIER,

Chez Mmes GAUTHIER soeurs et Cie, libraires-éditeurs.

1866.

MANUEL
DE GRAMMAIRE FRANÇAISE.

PREMIÈRE PARTIE.

INTRODUCTION.

1. La Grammaire est l'*art de parler et d'écrire correctement.*

Parler et écrire correctement, c'est parler et écrire d'après le meilleur usage.

2. Pour parler et pour écrire, on emploie des mots.

3. Les mots sont composés de lettres.

4. Il y a en français vingt-cinq lettres : six *voye* et dix-neuf *consonnes.*

5. Les six voyelles sont : *a, e, i, o, u* et *y.*

On les appelle voyelles, c'est-à-dire *ayant une voix*, parce que, par elles-mêmes, elles forment un son, une voix.

6. Les dix-neuf consonnes : *b, c, d, f, g, h, j, k, l, m, n, p, q, r, s, t, v, x, z* (1).

On les appelle consonnes, c'est-à-dire *qui sonne*

(1) Depuis longtemps, pour faciliter la lecture, on est dans l'usage, en épelant, de ne nommer les consonnes que par le son qu'elles ont dans les mots : *be, ce, de, fe,* etc. Cependant, ailleurs que dans l'épellation, on leur donne encore leur ancien nom : *bé, cé, dé, effe,* etc.

avec, parce qu'elles ne forment un son qu'avec les voyelles.

Quatre sortes d'E.

7. Il y a quatre sortes d'*e*: l'*e muet*, l'*e fermé*, l'*e ouvert* et l'*e demi-ouvert*.

L'*e* muet est celui qui n'a qu'un son sourd, comme dans *livrᴇ*. Quelquefois même il ne se fait pas entendre du tout, comme dans *joiᴇ, ruᴇ*.

L'*e* fermé est celui qui se prononce la bouche presque fermée, comme dans *bontᴇ́, gaietᴇ́, rochᴇʀ*. Il se marque ordinairement d'un accent aigu (´).

L'*e* ouvert est celui qui se prononce la bouche bien ouverte, comme dans *pᴇ̀re, fᴇ̂tc, fiᴇʀ*. Il se marque ordinairement d'un accent grave (`), ou d'un accent circonflexe (ˆ).

Enfin, l'*e* demi-ouvert est celui qui tient le milieu entre l'*e* fermé et l'*e* ouvert, comme dans *ciᴇʟ, mᴇssᴇ, sujᴇt*.

L'*e* fermé porte aussi le nom d'*e aigu*; l'*e* ouvert, celui d'*e grave*; et l'*e* demi-ouvert, celui d'*e moyen*.

Emploi de l'Y.

8. L'*y* s'emploie tantôt pour deux *i* et tantôt pour un *i*.

Il s'emploie pour deux *i* dans le corps d'un mot après une voyelle. Exemple: *pays, moyen, joyeux*, pour *pai-is, moi-ien, joi-ieux*. Partout ailleurs l'*y* ne s'emploie que pour un *i*: *mystère, Yonne, dey*.

Deux sortes d'H.

9. L'*h* est *muette* ou *aspirée*. L'*h* est muette quand elle n'a aucune fonction, comme dans l'*homme*, les *histoires, surhumain, chrétien*, qu'on prononce comme s'il y avait *l'omme, lé zistoires, surumain, crétien.*

L'*h* est aspirée quand elle empêche la liaison de la consonne qui précède avec la voyelle qui suit, comme dans *des haricots, un héros, enhardir,* qu'on prononce comme s'il y avait *dé haricots, un...héros, en... hardir.*

Syllabes.

10. On appelle syllabe une ou plusieurs lettres qu'on prononce d'un coup de voix. Dans *âme*, il y a deux syllabes, *â-me;* dans *vérité*, il y en a trois, *vé-ri-té.* On appelle *diphthongue* ou *syllabe double* celle qui fait entendre deux sons distincts, comme dans *Dieu, foi, ciel.*

Dix sortes de mots en français.

11. Il y a en français dix sortes de mots, savoir : le *nom*, l'*article*, l'*adjectif*, le *pronom*, le *verbe*, le *participe*, l'*adverbe*, la *préposition*, la *conjonction* et l'*interjection.*

Les six premiers, savoir : le nom, l'article, l'adjectif, le pronom, le verbe et le participe, sont des mots *variables*, c'est-à-dire qu'ils peuvent subir quelques changements d'orthographe. Les quatre derniers, savoir : l'adverbe, la préposition, la conjonction et l'interjection, sont des mots *invariables.*

11 bis. On appelle *complément*, en grammaire, les mots qui servent à compléter ou à déterminer le sens d'un autre mot. Le nom, l'adjectif, le pronom, le verbe, le participe et la préposition, peuvent seuls avoir des compléments. L'article et l'adjectif déterminatif ne sont point regardés comme compléments.

QUESTIONNAIRE.

1. Qu'est-ce que la grammaire ?

2. De quoi se sert-on pour parler et pour écrire ?

3. De quoi sont composés les mots ?

4. Combien y a-t-il de lettres ?

5. Quelles sont les voyelles, et pourquoi les appelle-t-on ainsi ?

6. Quelles sont les consonnes, et pourquoi les appelle-t-on ainsi ?

7. Combien y a-t-il de sortes d'*e* ? — Qu'est-ce que l'*e* muet ? — l'*e* ouvert ? — l'*e* fermé ? l'*e* demi-ouvert ?

8. Quand l'*y* s'emploie-t-il pour deux *i* ? — pour un *i* ?

9. Combien distingue-t-on de sortes d'*h* ? — Qu'est-ce que l'*h* muette ? — l'*h* aspirée ?

10. Qu'est-ce qu'une syllabe ?

11. Combien y a-t-il de sortes de mots ? — Comment les divise-t-on ? — Quelles sont les mots variables, et pourquoi sont-ils ainsi appelés ? — Quels sont les mots invariables ?

11 *bis.* Qu'appelle-t-on complément, en grammaire, et quelles espèces de mots peuvent en avoir ?

CHAPITRE PREMIER.

NOM.

12. Le nom, qu'on appelle aussi *substantif,* est *un mot qui sert à nommer une personne ou une chose,* comme *homme, ange, fleur, étude.*

13. Il y a deux espèces de noms, le *commun* et le *propre.*

14. Le nom commun, qu'on peut appeler aussi nom *général,* est celui qui convient à tous les êtres de

la même espèce, à tous les êtres qui se ressemblent. Par exemple, le nom *cheval*, convenant à tous les êtres de la même espèce, est un nom commun. Il en est de même des noms *oiseau, arbre, maison*.

15. Le nom propre, qu'on peut appeler aussi nom *particulier*, est celui qui ne convient pas à tous les êtres qui se ressemblent. Par exemple, *Paris* est un nom propre, parce qu'il ne convient pas à tous les êtres, à toutes les villes qui ressembleraient à celle qui porte ce nom. Il en est de même des noms *Louis*, la *France*, les *Pyrénées*.

16. La première lettre d'un nom propre doit toujours être majuscule ou grande lettre.

Genres.

17. Il y a deux genres dans les noms français : le *masculin* et le *féminin*. Le masculin est le genre des noms d'hommes et de mâles, comme le *roi*, un *lion*. Le féminin est le genre des noms de femmes et de femelles, comme la *reine*, une *lionne*. Quant aux êtres qui ne sont ni mâles ni femelles, on les a faits du masculin ou du féminin, selon que l'usage l'a voulu.

18. On connaît qu'un nom est du genre masculin lorsque devant ce nom on peut mettre *un* ou *le*, comme UN *homme*, LE *hibou* ; et qu'il est du genre féminin lorsqu'on peut mettre *une* ou *la*, comme UNE AME, LA *science*.

Nombres.

19. Il y aussi deux nombres dans les noms, le *singulier* et le *pluriel*. Un nom est au nombre singulier lorsqu'il ne désigne qu'un seul objet, comme *le livre, une table* ; il est au pluriel lorsqu'il désigne plus d'un objet, comme *les livres, des tables*.

20. Il y a quelques noms qui n'ont qu'un seul nombre; par exemple, *la jeunesse, la faim*, ne s'emploient qu'au singulier; *les ténèbres, les mœurs*, ne s'emploient qu'au pluriel.

Formation du pluriel.

Règle générale.

21. Pour mettre un nom au pluriel, il suffit d'ajouter une *s* au singulier. Exemple : *le jardin, les jardins ; une fleur, des fleurs*.

22. Les noms propres ne prennent jamais l's au pluriel. Exemple : *Le trône de France a eu plusieurs* HENRI.

Exceptions.

Il y a plusieurs exceptions à la règle de la formation du pluriel.

23. 1° Les noms terminés au singulier par *s*, *x* ou *z*, s'écrivent au pluriel comme au singulier. Exemple : *le bras, les bras ; la voix, les voix ; le nez, les nez*.

24. 2° Les noms en *al* font leur pluriel en *aux*. Exemple : *le cheval, les chevaux*. Il y a cependant les noms *bal, carnaval, régal*, et quelques autres peu usités, qui suivent la règle générale, c'est-à-dire qui prennent une *s* au pluriel : *bals, carnavals, régals*.

25. 3° Les noms en *au* et en *eu* prennent un *x* au pluriel au lieu d'une *s*. Exemple : *un bateau, des bateaux ; le feu, les feux*.

Il est bon de remarquer que les noms en *au* ont

toujours un *e* muet avant *au*, comme l'ois*EAU*, le *ha-mEau*. Il n'y a que les trois noms *étau, sarrau* et *unau* (1), ainsi que ceux qui auraient déjà une voyelle avant *au*, comme *fléau, noyau*, qui ne prennent pas cet *e* muet.

26. Les noms suivants en *ail* : *bail, émail, corail, soupirail, travail* et *ventail*, font leur pluriel en *aux*. Exemple : *un bail, des baux ; un corail, des coraux*, etc.

Le nom *ail* fait indifféremment au pluriel **ails** ou *aulx*, mais *ails* est plus usité.

27. Les noms suivants en *ou* : *bijou, caillou, chou, genou, joujou, hibou* et *pou*, prennent un *x* au lieu d'une *s* au pluriel : *un bijou, des bijoux*, etc.

Aïeul, ciel et *œil* font au pluriel *aïeux, cieux, yeux*. (Voir la 2ᵉ partie.)

28. Les noms en *ant* et en *ent*, comme *diamANt, ornemEnt*, gardent ou rejettent indifféremment au pluriel le *t* final ; on écrit donc à volonté *les diamANTS* ou *les diamANs, les ornemENTS* ou *les ornemENs*. Toutefois, il est plus conforme à la raison de conserver le *t*. C'est aussi le sentiment de l'Académie.

Remarquez que les monosyllabes conservent toujours le *t*. Il faut donc écrire *les gants, les vents*.

QUESTIONNAIRE.

12. Qu'est-ce que le nom ?
13. Combien y a-t-il d'espèces de noms ?
14. Qu'est-ce que le nom commun ? — Exemple.
15. Qu'est-ce que le nom propre ? — Exemple.
16. Par quelle lettre commence un nom propre ?

(1) Ces trois noms font d'ailleurs leur pluriel, d'après la règle générale, par un *x*.

17. Combien y a-t-il de genres dans les noms !—Quels sont les noms du genre masculin ? — Du genre féminin ?

18. A quelle marque reconnaît-on le genre des noms ?

19. Combien y a-t-il de nombres en grammaire ? — Quand est-ce qu'un nom est au singulier ? — au pluriel ?

20. Quels sont les noms qui ne s'emploient qu'au singulier ? — au pluriel ?

21, 22. Comment forme-t-on le pluriel dans les noms communs ? — propres ?

23, 24, 25. Quel est le pluriel des noms terminés par *s*, *x* ou *z* ? — des noms terminés par *al* ? — par *au* et par *eu* ? — Qu'y a-t-il à remarquer sur les mots terminés par *au* ?

26. Quels sont les noms en *ail* qui font leur pluriel en *aux* ?

27. Quels nom en *ou* prennent un *x* au pluriel ?—Quel est est le pluriel de *aïeul, ciel, œil* ?

28. Qu'y a-t-il à remarquer sur le *t* des noms pluriels en *ant* et en *ent* ?

CHAPITRE II.

ARTICLE.

29. L'article est un petit mot qui détermine le nom et en fait connaître le genre et le nombre.

30. L'article est *le* ; il fait *la* au féminin et *les* au pluriel pour les deux genres. D'où il suit qu'on emploie *le* devant les noms masculins singuliers, *la* devant les noms féminins singuliers, et *les* devant les noms pluriels, soit masculins, soit féminins. Exemple : *le* père, *la* mère, *les* pères, *les* mères.

31. Déterminer un nom, c'est faire distinguer de tout autre l'objet qu'il désigne. L'article détermine par lui-même ou à l'aide d'un complément. Par exemple, dans *les hommes sont mortels*, l'article *les* détermine le nom *hommes* ; il marque que ce nom désigne tous les êtres semblables appelés *hommes*.

Le nom peut avoir pour complément : 1° un adjectif qualificatif. Exemple : *L'enfant* studieux *sera récompensé*. L'adjectif *studieux* est complément du nom enfant ; il le détermine avec l'article *le*. 2° Il peut avoir pour complément un autre *nom* précédé d'une des préposition *de*, *à*, etc. Exemple : *Le plaisir de la vertu est le plus doux*. *De la vertu* est le complément du nom *plaisir* ; il le détermine avec l'article *le*. 3° Il peut avoir pour complément un membre de phrase commençant par l'un des pronoms *dont*, *qui*, *que*. Exemple : *Le mal* que le méchant fait *le perdra*. Le membre de phrase *que le méchant fait* est le complément du nom *mal* ; il le détermine avec l'article *le*.

Deux remarques sur l'article.

52. 1° On retranche *e* dans *le* et *a* dans *la* lorsque le mot suivant commence par une voyelle ou une *h* muette, et à la place de la lettre retranchée, on met une apostrophe ('). Exemple : *l'écolier*, *l'hiver*, pour *le écolier*, *le* hiver ; *l'amitié*, *l'humanité*, pour *la* amitié, *la* humanité. Ce retranchement de lettre se nomme *élision*.

53. 2° *Aux* est mis pour la préposition *à* et l'article *les*, et *des* pour la prépositon *de* et l'article *les* ; *à les*, *de les*, ne s'emploient plus. Exemple : Je donne *aux* pauvres, pour *à les* pauvres ; j'ai *des* livres, pour *de les* livres.

A le se change en *au* et *de le* en *du* devant une consonne ou une *h* aspirée. Exemple : Je m'applique *au* travail, pour *à le* travail ; j'ai l'amour *du* bien, pour *de le* bien, etc. La réunion de l'article *le, les* avec les prépositions *à, de,* se nomme *contraction. Au, aux, du, des,* sont aussi des *articles composés.*

33 *bis.* Les noms propres étant déterminés par eux-mêmes, ne doivent point prendre l'article. Quand un de ces noms en est précédé, cet article se rapporte ordinairement à un nom commun sous-entendu. Exemple : *Le Rhin* est pour *le fleuve Rhin.*

QUESTIONNAIRE.

29. Qu'est-ce que l'article ?

30. Quel est l'article ? — Comment fait-il au féminin ? — au pluriel ? — Devant quels noms emploie-t-on *le, la, les* ?

31. Qu'est-ce que déterminer un nom ? — L'article peut-il déterminer par lui-même ? — Donnez un exemple ? — Par quoi peut être exprimé le complément d'un nom ? — Donnez des exemples ?

32. Quand retranche-t-on les lettres *a, e,* dans l'article ? — Comment nomme-t-on ce retranchement ?

33. Pour quoi est employé *aux, des* ? — Comment *à le* et *de le* se changent-ils devant une consomme ou une *h* aspirée ?

33 *bis.* Les noms propres prennent-ils l'article ?

CHAPITRE III.

ADJECTIF.

34. L'adjectif est un mot qui qualifie ou qui détermine le nom.

35. Il y a donc deux sortes d'adjectifs : celui qui qualifie, c'est le *qualificatif* ; et celui qui détermine, c'est le *déterminatif.*

ADJECTIF QUALIFICATIF.

36. L'adjectif qualificatif est celui qui exprime une qualité ; comme quand on dit *l'aimable vertu*, le *sage vieillard*, le *vice est odieux*, les mots *aimable, sage, odieux,* expriment des qualités ; ce sont des adjectifs qualificatifs. L'adjectif qualificatif concourt quelquefois à déterminer le nom avec l'article.

Accord de l'adjectif.

37. L'adjectif s'accorde en genre et en nombre avec le mot qu'il qualifie. On dira donc : les enfants *obéissants*, en mettant l'adjectif *obéissants* au masculin et au pluriel, parce que le nom *enfants*, qu'il qualifie est au masculin et au pluriel.

38. *Ire remarque.* Si l'adjectif qualifiait deux ou plusieurs noms singuliers, on le mettrait au pluriel. Exemple : *Le roi et le berger sont* ÉGAUX *après la mort.* L'adjectif *égaux* a été mis au pluriel, parce qu'il qualifie deux noms, *roi* et *berger*.

39. *IIe remarque.* Si l'adjectif qualifiait des noms de genres différents, on le mettrait au masculin. Exemple : *Mon père et ma mère sont* CONTENTS. On a mis l'adjectif *contents* au masculin, parce qu'il qualifie les noms *père* et *mère*, qui sont de genres différents.

Trouver le nom qualifié par l'adjectif.

39. *bis.* Pour trouver le nom qualifié par l'adjectif, il faut faire avant l'adjectif la question : *Qui est-ce qui?* pour les personnes ; et *Qu'est-ce qui?* pour les choses. Exemple : *Heureux l'enfant dont on corrige les défauts!* pour trouver le nom qualifié par l'adjectif *heureux*, je dis : *Qui est-ce qui est heureux?* Réponse : *L'enfant.* Voilà le nom qualifié par cet adjectif.

Formation du féminin des adjectifs.

40. Pour mettre un adjectif au féminin, on y ajoute un *e* muet. Ainsi, *prudent* fait, au féminin, *prudent*ᴇ; *petit* fait *petit*ᴇ. Mais si l'adjectif, au masculin, était déjà terminé par un *e* muet, on n'y en ajouterait point au féminin. Exemple : masculin, *util*ᴇ ; féminin, *util*ᴇ.

41. *Exceptions.* Les adjectifs terminés au masculin par *el, et, eil, ol, ien, on, as, os, ul, ot*, doublent au féminin leur dernière consonne avec l'*e* muet. Exemple : *tel tel*-le ; *net, net*-te; *pareil, pareil*-le ; *fol, fol*-le ; *ancien, ancien*-ne ; *bon, bon*-ne , *gras, gras*-se ; *gros, gros*-se ; *nul, nul*-le ; *sot, sot*-te, etc.

Cependant *complet, concret, discret, secret, inquiet, replet,* suivent la règle générale.

42. *Beau, fou, mou, nouveau* et *vieux,* font, devant une voyelle ou une *h* muette, *bel, fol, mol, nouvel* et *vieil* ; de là est venu leur féminin : *belle, folle, nouvelle* et *vieille.*

43. *Caduc, public* et *turc,* changent, au féminin, leur *c* final en *que* : *caduᴏ͟ᴜᴇ, publiᴏͯ͟ᴜᴇ, turᴏ͟ᴜᴇ.* Mais *grec* conserve le *c* et fait *grecᴏ͟ᴜᴇ.*

Blanc, franc, sec, frais, font au féminin, *blanche, franche, sèche, fraîche.*

44. Les adjectifs *bref, naïf* et *neuf* font, au féminin, *brève, naïve* et *neuve. Long* fait *longue* ; *oblong* fait *oblongue* ; *malin, bénin,* font *maligne, bénigne* ; *épais* fait *épaisse ;* *paysan* fait *paysanne* ; *exprès* fait *expresse ; favori, favorite; gentil, gentille ; profès, professe.*

45. Parmi les adjectifs en *eur,* les uns suivent la règle générale, et ajoutent *e* à la terminaison du masculin : *antérieur, meilleur* ; *antérieur-e, meilleur-e.* La plupart des autres font leur féminin en *euse*: *trompeur, trompeuse,* quand on peut changer *eur* en *ant*; ou en *trice* : *directeur, directrice,* quand on ne peut pas changer *eur* en *ant*.

46. Les adjectifs terminés en *x* au masculin changent *x* en *se* au féminin: *dangereux, dangereuse* ; *heureux, heureuse* ; *jaloux, jalouse,* etc. Cependant *doux* fait *douce, roux* fait *rousse, faux* fait *fausse*.

Formation du pluriel des adjectifs.

47. Le pluriel des adjectifs se forme comme celui des noms, en ajoutant une s au singulier. Ainsi, *grand, grande,* fait au pluriel, *grands, grandes.*

Cependant, il en est des adjectifs en *al* comme des noms en *al* ; ils font la plupart leur pluriel en *aux*. Exemple : *orientAL, orientAUX* ; *originAL, originAUX.*

Les adjectifs en *au* au singulier prennent aussi, comme les noms, un *x* au pluriel. Exemple: *nouveAU, nouveAUX,* etc.

48. Ce qui a été dit plus haut des noms en *ant* et en *ent* s'applique aussi aux adjectifs ; ils gardent ou rejettent indifféremment le *t* au pluriel. Il est donc permis d'écrire *savanTs, prudenTs,* avec un *t,* ou *savans, prudens,* sans *t.* Toutefois, il est mieux de conserver le *t,* comme fait l'Académie.

Les adjectifs monosyllabes conservent toujours le *t*; ainsi il faut écrire *lenTs* avec un *t.*

Du nom employé adjectivement, et réciproquement.

49. Il arrive quelquefois que le nom est employé adjectivement : c'est lorsque sa fonction est de qualifier un autre nom ou un pronom. Exemple : David était *berger*, et il devint *roi*. Dans cette phrase, le nom *berger* qualifie le nom *David*, et le nom *roi* qualifie le pronom *il*; ces noms *berger* et *roi* sont employés adjectivement.

Réciproquement, l'adjectif est quelquefois employé substantivement: c'est lorsque sa fonction est de désigner un objet. Exemple: L'*utile* avant l'*agréable*. Dans cette phrase, les adjectifs *utile* et *agréable* sont pris substantivement, parce qu'ils désignent des objets.

Complément de l'adjectif qualificatif.

50. Le complément de l'adjectif qualificatif peut être exprimé par un *adverbe* ou par un *nom* précédé de l'une des prépositions *à, de, avec*, etc. Exemple : L'*enfant* bien *docile à ses* parents *est chéri de Dieu*. L'adjectif *docile* a pour compléments l'adverbe *bien* et le nom *parents*.

Degrés de signification ou de qualification

51. La qualité exprimée par l'adjectif peut se trouver à trois degrés différents: au *positif*, au *comparatif*, ou au *superlatif*. C'est ce qu'on appelle les *trois degrés de signification* ou *de qualification*.

Positif.

52. Le positif n'est que l'adjectif même. Ainsi *prudent, vertueux*, sont des adjectifs au positif.

Comparatif.

53. Le comparatif exprime la qualité avec comparaison.

Pour exprimer la comparaison, on met devant l'adjectif un des adverbes *plus, moins, aussi*. *Plus* forme un comparatif de supériorité, comme PLUS *savant*; *moins*, un comparatif d'infériorité, comme MOINS *savant*; *aussi*, un comparatif d'égalité, comme AUSSI *savant*. Dans certains cas, au lieu de *aussi*, on met *autant*, comme AUTANT *estimé*.

54. Il y a trois adjectifs qui, seuls et sans le secours d'un adverbe, expriment une comparaison. Ce sont : *meilleur* au lieu de *plus bon*, qui ne se dit pas ; *pire*, pour *plus mauvais*, et *moindre*, pour *plus petit*. Ces trois adjectifs, sont donc de véritables comparatifs.

Après le comparatif se trouve toujours la conjonction *que*, qui sert à lier les deux objets que l'on compare, comme *la vertu est plus utile* QUE *la science*.

Superlatif.

55. Le superlatif est la qualité portée au plus haut ou au plus bas degré, à un très-haut ou à un très-bas degré; comme LE PLUS *savant*, LE MOINS *savant*, TRÈS-*savant*, etc. On voit que le superlatif se forme au moyen des expressions *le plus, le moins, très*, etc.

ADJECTIF DÉTERMINATIF.

56. L'adjectif déterminatif est *celui qui ne fait que déterminer le substantif*. Par exemple, si je dis *maison* ce nom *maison* ne désigne aucune maison en particulier, et convient à toutes les maisons imaginables. Mais si je disais : VOTRE *maison*, le mot *votre* ferait distinguer la *maison* dont je parle de toute autre maison, en indiquant que c'est une *maison* qui vous appartient; ce mot *votre* a donc déterminé le substantif *maison* : c'est un adjectif déterminatif.

57. Il y a quatre espèces d'adjectifs déterminatifs : le *numéral*, le *démonstratif*, le *possessif* et l'*indéfini*.

Adjectif numéral.

58. L'adjectif numéral est *celui qui détermine le nom en exprimant le nombre ou le rang*. Il y a deux sortes d'adjectifs numéraux : le *cardinal* et l'*ordinal*.

1° L'adjectif numéral cardinal est celui qui exprime simplement le nombre, la quantité, comme *un, deux, trois, cent, mille*, etc.

2° L'adjectif numéral ordinal est celui qui exprime l'ordre, le rang, comme *premier, second,* ou *deuxième, troisième, centième, millième,* etc.

Souvent, pour abréger, on met le cardinal pour l'ordinal, comme quand on dit : *Louis* QUATORZE, pour *Louis* QUATORZIÈME ; *chapitre* TROIS pour *chapitre* TROISIÈME.

Adjectif démonstratif.

59. L'adjectif démonstratif est *celui qui détermine le nom en montrant, en quelque sorte, l'objet*. Par exemple, quand on dit : CE *papier*, CETTE *plume*, les mots *ce, cette*, montrent, en quelque sorte, le papier, la plume dont on parle ; ce sont des adjectifs démonstratifs.

L'adjectif démonstratif s'appelle aussi *indicatif*.

Les adjectifs démonstratifs ou indicatifs sont :

Masculin singulier, *ce* ; féminin singulier, *cette* ; pluriel masculin et féminin, *ces*.

Devant un mot qui commence par une voyelle ou une *h* muette, on met *cet* au lieu de *ce*, comme CET *enfant* pour CE *enfant*, CET *homme* pour CE *homme*.

Adjectif possessif.

60. L'adjectif possessif est *celui qui détermine le nom en exprimant la possession.* Quand on dit : MON *chapeau,* SA *montre,* les mots *mon* et *sa* expriment la possession du chapeau, de la montre; ce sont des adjectifs possessifs.

Les adjectifs possessifs sont :

Sing. masculin.	Sing. féminin.	Pluriel masculin et féminin.
Mon.	*Ma.*	*Mes.*
Ton.	*Ta.*	*Tes.*
Son.	*Sa.*	*Ses* (1).
Notre.	*Notre.*	*Nos.*
Votre.	*Votre.*	*Vos.*
Leur.	*Leur.*	*Leurs.*

Devant un nom féminin qui commence par une voyelle ou une *h* muette, on met *mon, ton, son,* au lieu de *ma, ta, sa,* comme MON *âme* pour MA *âme,* SON *humeur* pour SA *humeur,* C'est pour adoucir la prononciation.

Adjectif indéfini.

61. L'adjectif indéfini est *celui qui détermine le nom en y ajoutant quelque chose de vague.* Par exemple dans cette phrase: CHAQUE *homme a son mérite,* le mot *chaque* ajoute au nom *homme* quelque chose de vague, il n'indique aucun homme en particulier; c'est un adjectif indéfini.

Les adjectifs indéfinis sont:

Aucun, autre, certain, chaque, même, nul, plusieurs, quel, quelconque, quelque, tel et *tout.*

(1) Pour distinguer *ses* de *ces,* on tourne l'expression par le singulier ; quand le sens amène *son* ou *sa,* on écrit *ses* ; quand il donne *ce, cet, celle,* on écrit *ces.*

QUESTIONNAIRE.

34. Qu'est-ce que l'adjectif?

35. Combien y en a-t-il de sortes?

36. Qu'est-ce que l'adjectif qualificatif?

37. Comment s'accorde l'adjectif?

38. Comment s'accorde l'adjectif qui qualifie deux ou plusieurs noms singuliers et du même genre?

59. Comment s'accorde l'adjectif qui qualifie plusieurs noms singuliers de différents genres?

59 *bis*. Comment trouve-t-on le nom qualifié par l'adjectif?

40. Comment se forme le féminin dans les adjectifs?

41, 42, 43, 44, 45. Quel est le féminin des adjectifs en *el, et, cil, ol,* etc.? — des adjectifs *beau* et *nouveau*? — des adjectifs *blanc, franc,* etc.? — des adjectifs *bref, naïf,* etc.? — des adjectifs en *cur*?

46. Quel est le féminin des adjectifs terminés par *x* au masculin?

47. Comment se forme le pluriel des adjectifs? — des adjectifs en *al*? — des adjectifs en *au*?

48. Qu'y a-t-il à remarquer sur le *t* des adjectifs en *ant*? et en *cut*?

49. Quand le nom est-il employé adjectivement? — Quand l'adjectif est-il employé substantivement?

50. Par quoi peut-être exprimé le complément de l'adjectif?

51. Combien y a-t-il de degrés de qualification dans les adjectifs?

52. Qu'est-ce que le positif?

53. Qu'est-ce que le comparatif?

54. Quels sont les adjectifs qui expriment à eux seuls une comparaison?

55. Qu'est-ce que le superlatif?

56. Qu'est-ce que l'adjectif déterminatif?

57. Combien y en a-t-il d'espèces?

58. Qu'est-ce que l'adjectif numéral et combien y a en

a-t-il de sortes ? — Qu'est-ce que l'adjectif numéral cardinal ? — Qu'est-ce que l'adjectif numéral ordinal ? — Quand l'adjectif cardinal est-il employé pour l'ordinal ?

59. Qu'est-ce que l'adjectif démonstratif ? — Quels sont ces adjectifs ? — Quand emploie-t-on *cet*, et pourquoi ?

60. Qu'est-ce que l'adjectif possessif ? — Quels sont ces adjectifs ? — Quand est-ce que *mon, ton, son*, sont employés pour *ma, ta, sa*, et pourquoi ? — Comment distingue-t-on *ses* de *ces* ?

61. Qu'est-ce que l'adjectif indéfini ? — Quels sont ces adjectifs ?

CHAPITRE IV.

PRONOM.

62. Le pronom est *un mot qui tient la place du nom*. Ainsi, quand on dit, en parlant de Paul : IL est sage, le mot *il* tient la place du nom *Paul* ; c'est un pronom.

63. Il y a cinq sortes de pronoms : le *personnel*, le *démonstratif*, le *possessif*, le *relatif* et l'*indéfini*.

PRONOM PERSONNEL.

64. Le pronom personnel est *celui qui désigne plus particulièrement les personnes*.

65. Pour comprendre ce que c'est que les personnes, il faut observer que, dans le discours, un être peut jouer trois rôles différents, et ces rôles sont ce qu'on appelle les *personnes*. En effet, ou cet être parle lui-même, ou bien on lui parle, ou enfin on parle de lui.

De là trois classes de personnes dans le discours :

la première comprend les personnes qui parlent ; la seconde, celles à qui l'on parle ; et la troisième, celles de qui l'on parle.

66. Puisque la troisième personne est celle de qui l'on parle, tout nom est de la troisième personne, car un nom nomme un objet, et, lorsqu'on nomme un objet, on en parle.

67. Les pronoms personnels sont :

1re personne. Sing. *Je, me, moi.* Plur. *nous.*

2e personne. Sing. *Tu, te, toi.* Plur. *vous.*

3e personne. Sing. *Il, elle, le, la, lui, soi.* Plur. *Ils, elles, les, eux, leur.*

Des deux nombres. *Se, en, y.*

En pronom signifie *de ceci, de cela, de lui,* etc. *Y* pronom signifie *à lui, à elle, à ceci, à cela,* etc. Lorsque *en* et *y* ne sont pas pronoms, *en* est préposition et *y* adverbe.

Remarques.

68. 1° *Le, la, les,* n'est pronom que lorsqu'il est joint au verbe, comme *je* LE *connais, je* LES *aime, croyez-*LA ; car, lorsqu'il est devant un nom, on sait qu'il est article.

2° Il ne faut pas confondre le pronom *leur* avec l'adjectif possessif *leur.* Le mot *leur* est pronom lorsqu'il est joint à un verbe, comme *Je* LEUR *dois de la reconnaissance ; donnez-*LEUR *vos soins.* Mais il est adjectif lorsqu'il est devant un nom, comme : *Je connais* LEUR *mérite ; j'admire* LEURS *qualités.*

3° En français, par respect, on emploie *vous* au lieu de *tu,* et alors le verbe se met aussi au pluriel. Mais s'il se trouve un adjectif qui se rapporte à *vous,* comme il ne s'agit que d'une seule personne, on le met au singulier.

Exemple : *Vous* ÊTES *trop* BON, *Monsieur.*

4° De même, il arrive quelquefois à un supérieur de mettre *nous* au lieu de *je*, mais l'adjectif qui s'y rapporte demeure au singulier. Ainsi, un magistrat dira : NOUS *avons été* INFORMÉ, etc.

PRONOM DÉMONSTRATIF.

69. Le pronom démonstratif est *celui qui montre l'objet.* Si je dis : *Donnez-moi* CELA, le mot *cela* montre un objet ; c'est un pronom démonstratif.

Les pronoms démonstratifs sont :

Ce (1), *celui, celle, ceux, celles.*

Ceci, celui-ci, celle-ci, ceux-ci, celles-ci.

Cela, celui-là, celle-là, ceux-là, celles-là.

Dans le langage familier, au lieu de *cela*, on dit *ça.* Exemple : ÇA *lui fait plaisir.*

Remarques.

70. 1° Les pronoms démonstratifs dans lesquels entre l'adverbe *ci* désignent les objets plus rapprochés ou dont on a parlé en dernier lieu, et ceux dans lesquels entre l'adverbe *là*, désignent les objets plus éloignés ou dont on a parlé en premier lieu. Exemple : *Le corps périt, mais l'âme est immortelle, cependant on néglige celle-*CI *et tous les soins sont pour celui-*LA.

2° On distingue *ce* pronom démonstratif de *ce* adjectif démonstratif, en ce que *ce* adjectif est toujours devant un nom, tandis que *ce* pronom est toujours devant un verbe ou un pronom. Exemple : *C'est la vérité*, CE *me semble.*

____

(1) Ne confondez pas *ce* pronom démonstratif avec *se* pronom personnel. On écrit *se* quand on peut le remplacer par *soi, eux, elle*, et *ce* quand on peut mettre *cela* à la place.

3º Quelquefois *le* se trouve pronom démonstra-tif, c'est lorsqu'il est mis pour *cela*. Exemple : *Quand votre main droite fait l'aumône, que la gauche ne* LE *sache pas*, c'est-à-dire ne sache pas CELA.

PRONOM POSSESSIF.

71. Le pronom possessif est *celui qui exprime la possession.* Par exemple, dans cette phrase : *Rendez-moi mon livre, et je vous rendrai le* VÔTRE, l'expres-sion *le vôtre* tient la place d'un livre qui est en votre possession ; c'est un pronom possessif.

Les pronoms possessifs sont :

SING. MASC.	SING. FÉM.	PLUR. MASC.	PLUR. FÉM.
Le mien.	La mienne.	Les miens.	Les miennes.
Le tien.	La tienne.	Les tiens.	Les tiennes.
Le sien.	La sienne.	Les siens.	Les siennes.
Le nôtre.	La nôtre.	Les nôtres.	Les nôtres.
Le vôtre.	La vôtre.	Les vôtres.	Les vôtres.
Le leur.	La leur.	Les leurs.	Les leurs.

72. Il faut remarquer que les pronoms possessifs *le nôtre, le vôtre,* ont un accent circonflexe, tandis que les adjectifs possessifs *notre* et *votre* n'en ont point.

PRONOM RELATIF OU CONJONCTIF.

73. Le pronom relatif ou conjonctif est *celui qui se rapporte à un nom ou à un pronom qui est devant, et dans la même phrase.* Quand on dit : *Aimons Dieu,* QUI *nous comble de biens,* le mot *qui* se rapporte à *Dieu* ; il tient la place de *Dieu,* qui est devant et dans la même phrase ; c'est un pronom relatif ou conjonctif.

Les pronoms relatifs ou conjonctifs sont :

Qui, que, quoi, dont. — *Lequel, laquelle, lesquels, lesquelles.*

74. L'article *le, la, les,* qui fait partie du relatif *lequel,* etc., se change en *du* et en *au* quand il se combine avec les prépositions *de* et *à* ; on dit DUQUEL, DESQUELS, AUQUEL, AUXQUELS, pour DE LEQUEL, DE LESQUELS, A LEQUEL, etc.

Dont.

75. Le mot *dont* tient la place du pronom relatif précédé de la préposition *de* ; il est pour *de qui, du quel,* etc. Exemple : *Nos parents,* DONT *nous avons reçu tant de biens,* c'est-à-dire DE QUI *nous avons reçu tant de biens, ont des droits sacrés à notre reconnaissance.*

Antécédent du relatif.

76. On appelle *antécédent* le nom ou le pronom auquel le pronom relatif se rapporte. Quand on dit : *Les fleurs qui émaillent les prairies sont un reflet de la beauté de Dieu, fleurs* est le nom auquel le relatif *qui* se rapporte ; il en est l'antécédent.

77. Il faut observer que le mot *que* n'est pas toujours pronom relatif ; il ne l'est que lorsqu'il peut se tourner par *lequel, laquelle, lesquels.* Ainsi dans cette phrase : *Les biens* QUE *la mort enlève ne sont pas de vrais biens,* le *que* est pronom relatif, parce qu'on peut dire : *Les biens* LESQUELS *la mort enlève.* Mais dans cette autre phrase : *Je sens* QUE *mon cœur veut des biens durables,* le *que* n'est pas pronom relatif, parce qu'on ne peut pas dire : *Je sens* LEQUEL *mon cœur,* etc.

78. *Remarque.* Quelquefois l'antécédent est sous-entendu, comme QUI *s'expose au danger périra,* c'est-à-dire CELUI QUI *s'expose au danger périra* ; l'antécédent *celui* est sous-entendu. Lorsque l'antécédent est sous-entendu, le relatif s'appelle *relatif absolu.*

PRONOM INDÉFINI.

79. Le pronom indéfini est *celui qui désigne d'une manière vague les personnes ou les choses dont il rappelle l'idée.* Par exemple, quand on dit : *On frappe à la porte,* le mot *on* ne désigne une personne que d'une manière vague ; c'est un pronom indéfini.

Les pronoms indéfinis sont :

Autrui, chacun, l'un, l'autre, on ou l'on, personne, quelque chose, qui que ce soit, quoi que ce soit, quelqu'un, quiconque, rien.

Règle générale des pronoms.

80. *Tout pronom doit être du même nombre, du même genre et de la même personne que le nom dont il tient la place.* Exemple : *Les passions sont des maîtres bien cruels ;* ELLES *déchirent leurs esclaves ;* on a mis le pronom *elles* au pluriel, au féminin et à la troisième personne, parce que le nom *passions,* dont il tient la place, est au pluriel, au féminin et à la troisième personne.

Complément des pronoms.

81. Le pronom étant mis à la place du nom, peut avoir, comme lui, un complément exprimé : 1° par un adjectif. Exemple : dans *Ces campagnes désertes, je* les *ai vues riches et bien* peuplées, le pronom *les* a pour complément qualificatif les adjectifs *riches* et *peuplées* ; 2° par un nom précédé de la préposition *de.* Exemple : dans *Les biens du temps ne sont rien, ceux de l'éternité sont tout,* le pronom *ceux* a pour complément le nom *éternité* ; 3° par un membre de phrase commençant par un des pronoms *qui, que, à qui,* etc. Exemple : dans *Celui* qui veut s'instruire *doit étudier,* le pronom *celui* a pour complément le membre de phrase *qui veut s'instruire.*

QUESTIONNAIRE.

62. Qu'est-ce que le pronom ?

63. Combien y a-t-il de sortes de pronoms ?

64. Qu'est-ce que le pronom personnel ?

65. Combien y a-t-il de classes de pronoms dans le discours ?

66. Quelle est la personne du nom ?

67. Quels sont les pronoms personnels ?

68. Quand est-ce que *le, la, les* est pronom ? — Comment distingue-t-on le pronom *leur* de l'adjectif *leur* ? — Quand est-ce qu'on emploie *vous* au lieu de *toi*, au singulier ? — *nous* au lieu de *je* ?

69. Qu'est-ce que le pronom démonstratif ? — Comment distingue-t-on *ce* de *se* ? — Quels sont les pronoms démonstratifs ? — Comment distingue-t-on *ce* adjectif de *ce* pronom ? — Quand est-ce que *le* est pronom démonstratif ?

70. Que désignent les pronoms démonstratifs dans lesquels entre l'adverbe *ci* ? — dans lesquels entre l'adverbe *là* ?

71. Qu'est-ce que le pronom possessif ? — Quels sont les pronoms possessifs ?

72. Quelle remarque fait-on sur *le nôtre, le vôtre* ?

73. Qu'est-ce que le pronom relatif ? — Quels sont les pronoms relatifs ?

74, 75. Quelle remarque fait-on sur *lequel* ? — sur *dont* ?

76. Qu'est-ce que l'antécédent ?

77. Le mot *que* est-il toujours pronom relatif ?

78. L'antécédent du pronom relatif est-il toujours exprimé ?

79. Qu'est-ce que le pronom indéfini ?

80. Quelle est la règle générale des pronoms pour l'accord ?

81. Par quoi peut être exprimé le complément du pronom ?

CHAPITRE V.

VERBE.

82. Le verbe est un mot qui affirme *que l'on est
ou que l'on fait quelque chose* : le verbe exprime donc
l'état ou l'action. Par exemple, quand je dis : *Mon
frère* DORT, le mot *dort* affirme que mon frère *est*
dans l'état de sommeil ; c'est un verbe. Si je dis encore : *Mon frère*, CHANTE, le mot *chante* affirme que
mon frère *fait* l'action de chanter ; c'est aussi un
verbe.

83. Outre l'état ou l'action, le verbe exprime
encore la manière ou le *mode* dont a lieu cet état ou
cette action ; le *temps* dans lequel ils se passent ; le
nombre des personnes, c'est-à-dire s'il s'agit d'un
seul ou de plus d'un être ; enfin la *personne*, c'est-
à-dire si c'est la première, la seconde ou la troisième personne qui est dans cet état ou qui fait cette
action.

Ainsi, le verbe exprime : 1° l'état ou l'action ; 2° le
mode, le temps, le nombre et la personne.

84. On connaît qu'un mot est un verbe lorsqu'on
y peut joindre *ne.... pas, ne.... point.* Par exemple,
je ris est un verbe, parce qu'on peut dire *je* NE *ris* PAS ;
il pleut est un verbe, parce qu'on peut dire *il* NE *pleut*
PAS ; *étudier* est un verbe, parce qu'on peut dire NE
PAS *étudier.*

Un seul verbe.

85. Il n'y a en français, qu'un seul verbe, qui est
le verbe *être.* Il se présente tantôt sous la forme sim-

ple, tantôt sous la forme composée. Lorsqu'il se présente sous la forme simple, comme dans *la modestie* EST *une belle vertu*, on l'appelle *verbe substantif*; quand il se présente sous la forme composée, comme dans *Dieu règne* (c'est-à-dire *est régnant*) *dans les cieux*, on l'appelle *verbe adjectif* ou *attributif*, parce qu'il renferme en soi le verbe (*est*) et l'attribut (*régnant*).

Six sortes de verbes adjectifs.

86. On distingue six sortes de *verbes adjectifs* : l'*auxiliaire*, l'*actif*, le *passif*, le *neutre*, le *pronominal* et l'*unipersonnel*.

On va présenter des modèles de la *conjugaison* de chacun de ces verbes. On appelle conjugaison le tableau ou l'ensemble de tous les modes, temps, nombres et personnes d'un verbe.

ART. Ier. — VERBE AUXILIAIRE.

87. Le verbe auxiliaire est *celui qui aide à conjuguer les autres verbes*. Il n'y a en français que deux verbes auxiliaires, *avoir* et *être*. Ainsi, *être* est tantôt auxiliaire et tantôt substantif.

CONJUGAISON DU VERBE AUXILIAIRE *AVOIR*.

MODE INDICATIF.

PRÉSENT.	IMPARFAIT.
J'ai.	J'avais (1).
Tu as.	Tu avais.
Il a.	Il avait.
Nous avons.	Nous avions.
Vous avez.	Vous aviez.
Ils ont.	Ils avaient.

(1) Dans la dernière édition de son dictionnaire (1835), l'Académie

PASSÉ DÉFINI.

J'eus.
Tu eus.
Il eut.
Nous eûmes.
Vous eûtes.
Ils eurent.

PASSÉ INDÉFINI.

J'ai eu.
Tu as eu.
Il a eu.
Nous avons eu.
Vous avez eu.
Ils ont eu.

PASSÉ ANTÉRIEUR.

J'eus eu.
Tu eus eu.
Il eut eu.
Nous eûmes eu.
Vous eûtes eu.
Ils eurent eu.

PLUS-QUE-PARFAIT.

J'avais eu.
Tu avais eu.
Il avait eu.
Nous avions eu.
Vous aviez eu.
Ils avaient eu.

FUTUR ABSOLU.

J'aurai.
Tu auras.
Il aura.
Nous aurons.
Vous aurez.
Ils auront.

FUTUR PASSÉ.

J'aurai eu.
Tu auras eu.
Il aura eu.
Nous aurons eu.
Vous aurez eu.
Ils auront eu.

MODE CONDITIONNEL.

1ᵉʳ PRÉSENT ET FUTUR.

J'aurais.
Tu aurais.
Il aurait.
Nous aurions.
Vous auriez.
Ils auraient.

2ᵉ PRÉSENT ET FUTUR (1).

J'eusse.
Tu eusses.

Il eût.
Nous eussions.
Vous eussiez.
Ils eussent.

1ᵉʳ PASSÉ.

J'aurais eu.
Tu aurais eu.
Il aurait eu.
Nous aurions eu.
Vous auriez eu.
Ils auraient eu.

a adopté l'*a* à la place de l'*o* dans les temps en *ais*. Par là, elle a mis d'accord l'orthographe avec la prononciation. Cette amélioration avait été proposée dès le temps de Louis XIV.

(1) Il n'y a que les deux verbes auxiliaires qui aient un **deuxième** *présent* au mode conditionnel.

2ᵉ PASSÉ.	Il eût eu.
	Nous eussions eu.
J'eusse eu.	Vous eussiez eu.
Tu eusses eu.	Ils eussent eu.

MODE IMPÉRATIF.

Sujet toujours sous-entendu, et point de première personne au singulier.

PRÉSENT ET FUTUR.	Ayons.
Aie.	Ayez.
(*Qu'*il ait) (1).	(*Qu'*ils aient).

MODE SUBJONCTIF.

Toujours précédé de la conjonction *que.*

PRÉSENT ET FUTUR.	PASSÉ.
Que j'aie.	*Que* j'aie eu.
Que tu aies.	*Que* tu aies eu.
Qu'il ait.	Qu'il ait eu.
Que nous ayons.	*Que* nous ayons eu.
Que vous ayez.	*Que* vous ayez eu.
Qu'ils aient.	Qu'ils aient eu.

On veut (present et futur); On veut (passé).

IMPARFAIT.	PLUS-QUE-PARFAIT.
Que j'eusse.	*Que* j'eusse eu.
Que tu eusses.	*Que* tu eusses eu.
Qu'il eût.	Qu'il eût eu.
Que nous eussions.	*Que* nous eussions eu.
Que vous eussiez.	*Que* vous eussiez eu.
Qu'ils eussent.	Qu'ils eussent eu.

On voudrait (imparfait); On voudrait (plus-que-parfait).

MODE INFINITIF.

PRÉSENT ET FUTUR.	PASSÉ.
Avoir.	Avoir eu.

(1) Ces troisièmes personnes *qu'il ait* et *qu'ils aient* appartiennent réellement au *présent du subjonctif* ; mais comme on s'en sert quelquefois pour *commander*, on a cru devoir les faire entrer aussi dans l'*impératif*, qui, ainsi qu'on le verra bientôt, est le mode du *commandement*. Cette observation s'applique à tous les verbes.

PARTICIPES (1).

PRÉSENT.	FUTUR.
Ayant.	Devant avoir (2).
PASSÉ.	
Eu, eue ; ayant eu.	

Des modes.

88. On a vu dans le verbe cinq modes : *l'indicatif*, le *conditionnel*, *l'impératif*, le *subjonctif* et *l'infinitif*.

1° L'indicatif indique d'une manière positive (3) et assurée l'état ou l'action ; comme *j'ai*, *j'ai eu*, *j'aurai*.

2° Le conditionnel suppose une condition ; comme *j'aurais*, *j'aurais eu* moyennant telle condition.

3° L'impératif est le mode du commandement, comme *aie*, *ayons*.

4° Le subjonctif exprime l'incertitude, le désir ou la crainte ; comme (je doute) *qu'il ait* ; (je désire) *qu'il ait eu*. Le subjonctif a toujours devant lui un autre verbe, exprimé ou sous-entendu, dont il dépend (4).

5° L'infinitif exprime d'une manière vague et générale, sans même indiquer le nombre ni la personne, comme *avoir*.

(1) Quoique les participes ne fassent pas partie du verbe, puisqu'ils forment une espèce de mots à part, cependant, comme ils servent à former des temps du verbe, on s'est habitué à les mettre toujours à la fin des verbes.

(2) *Devant* appartient réellement au verbe *devoir* ; il sert ici d'auxiliaire.

(3) C'est pour cette raison que plusieurs grammairiens lui donnent le nom de *positif*.

(4) C'est de là que lui vient son nom de *subjonctif*, qui signifie *joint, placé dessous*.

Des temps.

89. Il y a trois temps principaux : le *présent*, le *passé* et le *futur*.

1° Le présent marque que la chose a lieu actuellement ; comme *j'ai pitié des malheureux.*

2° Le passé marque que la chose a déjà eu lieu ; comme *j'ai eu la fièvre.*

3° Le futur marque que la chose aura lieu dans l'avenir ; comme *j'aurai soin de mes livres.*

La chose pouvant avoir lieu dans un passé plus ou moins éloigné, on a établi plusieurs temps *passés.* Le passé s'appelle aussi *parfait* ou *prétérit.*

On a vu qu'il y a deux *futurs*: le *futur absolu* et le *futur passé.*

(On trouvera, dans la deuxième Partie, une explication plus détaillée des temps.)

Des nombres et des personnes.

90. Chaque temps a *trois personnes* au singulier, et *trois* au pluriel.

Les pronoms *je*, *tu*, *il*, sont pour les trois personnes du singulier, et les pronoms *nous*, *vous*, *ils*, pour les trois du pluriel. A la troisième personne, s'il s'agissait d'un être féminin, au lieu de *il*, *ils*, on mettrait *elle*, *elles*.

CONJUGAISON DU VERBE AUXILIAIRE *ÊTRE*.

MODE INDICATIF.

PRÉSENT.	IMPARFAIT.
Je suis.	J'étais.
Tu es.	Tu étais.
Il est.	Il était.
Nous sommes.	Nous étions.
Vous êtes.	Vous étiez.
Ils sont.	Ils étaient.

<table>
<tr><td>

PASSÉ DÉFINI.

Je fus.
Tu fus.
Il fut.
Nous fûmes.
Vous fûtes.
Ils furent.

PASSÉ INDÉFINI.

J'ai été.
Tu as été.
Il a été.
Nous avons été.
Vous avez été.
Ils ont été.

PASSÉ ANTÉRIEUR.

J'eus été.
Tu eus été.
Il eût été.
Nous eûmes été.
Vous eûtes été.
Ils eurent été.

</td><td>

PLUS-QUE-PARFAIT

J'avais été.
Tu avais été.
Il avait été.
Nous avions été.
Vous aviez été.
Ils avaient été.

FUTUR ABSOLU.

Je serai.
Tu seras.
Il sera.
Nous serons.
Vous serez.
Ils seront.

FUTUR PASSÉ.

J'aurai été.
Tu auras été.
Il aura été.
Nous aurons été.
Vous aurez été.
Ils auront été.

</td></tr>
</table>

MODE CONDITIONNEL.

<table>
<tr><td>

1er PRÉSENT ET FUTUR.

Je serais.
Tu serais.
Il serait.
Nous serions.
Vous seriez.
Ils seraient.

2e PRÉSENT ET FUTUR (1).

Je fusse.
Tu fusses.
Il fût.
Nous fussions.
Vous fussiez.
Ils fussent.

</td><td>

1er PASSÉ.

J'aurais été.
Tu aurais été.
Il aurait été.
Nous aurions été.
Vous auriez été.
Ils auraient été.

2e PASSÉ.

J'eusse été.
Tu eusses été.
Il eût été.
Nous eussions été.
Vous eussiez été.
Ils eussent été.

</td></tr>
</table>

(1) On a déjà dit qu'*avoir* et *être* sont les deux seuls verbes qui aient un *second présent et futur du conditionnel.*

MODE IMPÉRATIF.

Sujet toujours sous-entendu, et point de 1re personne au singulier.

PRÉSENT ET FUTUR.

Sois.
(*Qu*'il soit).

Soyons.
Soyez.
(*Qu*'ils soient).

MODE SUBJONCTIF.

Toujours précédé de la conjonction *que*.

PRÉSENT ET FUTUR.

On désire {
Que je sois.
Que tu sois.
Qu'il soit.
Que nous soyons.
Que vous soyez.
Qu'ils soient.

PASSÉ.

On désirera {
Que j'aie été.
Que tu aies été.
Qu'il ait été.
Que nous ayons été.
Que vous ayez été.
Qu'ils aient été.

IMPARFAIT.

On désirerait {
Que je fusse.
Que tu fusses.
Qu'il fût.
Que nous fussions.
Que vous fussiez.
Qu'ils fussent.

PLUS-QUE-PARFAIT.

On désirerait {
Que j'eusse été.
Que tu eusses été.
Qu'il eût été.
Que nous eussions été.
Que vous eussiez été.
Qu'ils eussent été.

MODE INFINITIF.

PRÉSENT ET FUTUR.

Être.

PASSÉ.

Avoir été.

PARTICIPES.

PRÉSENT.

Étant.

FUTUR.

Devant être.

PASSÉ.

Été ; ayant été.

91. 1° Le verbe *être* est auxiliaire lorsqu'il est joint au participe d'un autre verbe, pour aider à le conjuguer; comme *il* EST PARTI. Il est substantif lorsqu'il est seul; comme *la rose* EST *la reine des fleurs.*

2° Il en est de même pour le verbe *avoir*; il n'est auxiliaire que lorsqu'il est joint au participe d'un verbe pour aider à le conjuguer ; comme *Dieu* A CRÉÉ *le ciel et la terre.* S'il était seul, il aurait le sens du verbe *posséder*, et serait regardé comme actif. Exemple: *Nous* AVONS *horreur du mensonge,* c'est-à-dire *nous* POSSÉDONS *l'horreur du mensonge.*

Sujet du verbe.

92. 1° On appelle *sujet* du verbe *l'objet qui est ou qui fait ce qu'exprime le verbe.* Par exemple, dans ces mots, *l'enfant obéit,* l'enfant fait l'action d'obéir, qu'exprime le verbe ; il en est le sujet. *Louis dort,* Louis *est dans l'état* qu'exprime le verbe ; il en est le sujet.

2° Pour trouver le sujet d'un verbe, il faut faire avant le verbe la question : *Qui est-ce qui?* quand il s'agit d'une personne, et : *Qu'est-ce qui?* quand il s'agit d'une chose. Exemple: *Dieu défend le mensonge. L'intempérance ruine la santé. — Qui est-ce qui défend* le mensonge ? Réponse: *Dieu. — Qu'est-ce qui* ruine la santé? Réponse : *l'intempérance. Dieu et intempérance* sont donc les *sujets* des deux phrases.

Accord du verbe avec le sujet.

93. RÈGLE. *Tout verbe s'accorde avec son sujet en nombre et en personne.* Exemple: *La terre* EST *ronde,* le verbe *est* a été mis au singulier et à la troisième personne, parce que son sujet *terre* est au singulier et à la troisième personne. *Le chien et le chat* SONT *ennemis;* le verbe *sont* a été mis au pluriel et à la troisième personne, parce que deux sujets singuliers, *chien* et *chat*, valent un pluriel, et qu'ils sont à la troisième personne.

Art. II. — Verbe actif.

94. Le verbe actif est *celui après lequel on peut mettre quelqu'un ou quelque chose*. Ainsi, *aimer, j'aime; lire, je lis*, sont des verbes actifs, parce qu'on peut dire *j'aime* QUELQU'UN , *je lis* QUELQUE CHOSE.

Complément direct, complément indirect, complément circonstanciel.

95. Le verbe actif peut avoir trois espèces de compléments : un complément *direct*, plusieurs *indirects* et plusieurs *circonstanciels*.

1° Le complément direct est celui qui complète le sens du verbe, sans le secours d'aucune préposition. On le trouve en faisant après le verbe la question *qui?* ou *quoi?* Exemple : *Le vice dégrade l'homme.* Pour trouver le complément direct du verbe *dégrade*, je dis : *Le vice dégrade* qui? Réponse *l'homme*, *homme* est le complément direct du verbe *dégrade* (1).

2° Le complément indirect du verbe est celui qui en complète le sens avec le secours d'une préposition. On trouve le complément indirect en faisant après le verbe la question *à qui?* *à quoi?* *pourquoi?* etc.

(1) Quelquefois cependant, par gallicisme, certains verbes actifs ont pour complément direct un infinitif précédé de l'une des prépositions *à, de.* Exemple : *J'aime à lire ; je désire de plaire à Dieu.*

On distingue les compléments indirects de *lieu*, de *temps*, d'*objet*, de *manière*, de *fin*, de *moyen*, de *motif*, etc. Exemple: *Mettez vos livres* dans le bureau ; *dans le bureau* est un complément indirect de *lieu* du verbe *mettez* ; il répond à la question *dans quoi? J'éprouve du bonheur* après une bonne action ; *après une bonne action* est un complément indirect de *temps* du verbe *éprouve* ; il répond à la question *après quoi? Je ferai mon devoir* de bon cœur ; *de bon cœur* est complément indirect de *manière* du verbe *ferai* ; il répond à la question *comment?* etc.

3° Le complément circonstanciel est celui qui complète le sens du verbe en en exprimant certaines circonstances de *lieu*, de *temps*, de *manière*, de *quantité*, etc. Ce complément est exprimé par un adverbe ou une locution adverbiale, et répond à l'une des questions *où? quand? comment?* etc. Exemple : *Le chrétien voit Dieu* partout ; l'adverbe de lieu *partout* est complément circonstanciel du verbe *voit* ; il répond à la question *où? Je ferai mon devoir* aujourd'hui ; l'adverbe de temps *aujourd'hui* est complément circonstanciel du verbe *ferai* ; il répond à la question *quand?*

QUESTIONNAIRE.

82. Qu'est-ce que le verbe ?

83. Outre l'état ou l'action, qu'exprime encore le verbe ?

84. Comment reconnaît-on qu'un mot est un verbe ?

85. Combien y a-t-il de verbes en français — Sous combien de formes le verbe *être* peut-il se présenter dans le discours ?

86. Combien y a-t-il de sortes de verbes adjectifs ?

87. Qu'est-ce que le verbe auxiliaire, et combien y en a-t-il ?

88. Combien y a-t-il de modes dans le verbe ? — Qu'exprime l'indicatif ? — le conditionnel ? — l'impératif ? — le subjonctif ? — l'infinitif ?

89. Combien y a-t-il de temps principaux ?

90. Combien y a-t-il de personnes dans chaque temps ?

91. Quand le verbe *être* est-il auxiliaire — le verbe *avoir* ?

92. Qu'est-ce que le sujet du verbe ? — Comment le trouve-t-on ?

93. Comment s'accorde le verbe ?

94. Qu'est-ce que le verbe actif ?

95. Combien le verbe actif peut-il avoir de sortes de compléments ? — Comment les trouve-t-on ?

Quatre conjugaisons actives.

96. Parmi les verbes actifs, les uns ont le présent de l'infinitif en *er*, comme *chant*ER ; d'autres en *ir*, comme *fin*IR ; d'autres en *oir*, comme *recev*OIR ; enfin, d'autres en *re*, comme *rend*RE. C'est pour cela qu'on a établi quatre conjugaisons actives, la première en *er*, la deuxième en *ir*, la troisième en *oir* et la quatrième en *re*.

Temps simples et composés, temps primitifs et formés.

97. On divise les temps des verbes en temps *simples* et en temps *composés*. Les temps simples sont ceux qui n'ont qu'un mot, comme je *chante*, nous *chantâmes* (le pronom ne compte pas). Les temps composés sont ceux qui ont plus d'un mot, comme j'*ai chanté*, nous *aurons chanté* (1).

98. Les temps simples se divisent à leur tour en

---

(1) A la rigueur, un temps composé devrait être appelé *locution verbale* plutôt que *verbe*.

temps *primitifs* ou *formateurs,* et en temps *formés* ou *dérivés.* Les temps primitifs ou formateurs sont ceux qui sont déterminés par l'usage, et qui servent à en former d'autres. Il y a cinq temps primitifs ou formateurs : le *présent de l'indicatif,* le *passé défini,* le *présent de l'infinitif,* le *participe présent* et le *participe passé.* On les trouve indiqués dans les dictionnaires un peu étendus. Les temps formés ou dérivés sont ceux qui sont formés des temps primitifs ; ainsi, tous les temps simples qui ne sont pas primitifs sont des temps formés.

MODÈLE DE LA 1re CONJUGAISON ACTIVE.

CHANTER.

MODE INDICATIF.

PRÉSENT.

Primitif au singulier.

Je chant e.
Tu chant es.
Il chant e.

Le pluriel est formé du participe présent chant ant, *en changeant* ant *en* ons.

Nous chant ons.
Vous chant ez.
Ils chant ent.

IMPARFAIT.

Formé du participe présent chant ant, *en changeant* ant *en* ais.

Je chant ais.
Tu chant ais.
Il chant ait.

Nous chant ions.
Vous chant iez.
Ils chant aient.

PASSÉ DÉFINI.

Il est primitif.

Je chant ai.
Tu chant as.
Il chant a.
Nous chant âmes.
Vous chant âtes.
Ils chant èrent.

PASSÉ INDÉFINI (*composé*).

J'ai chanté.
Tu as chanté.
Il a chanté.
Nous avons chanté.
Vous avez chanté.
Ils ont chanté.

PASSÉ ANT. DÉFINI *(composé)*

J'eus chanté.
Tu eus chanté.
Il eut chanté.
Nous eûmes chanté.
Vous eûtes chanté.
Ils eurent chanté.

PLUS-QUE-PARFAIT *(composé)*.

J'avais chanté.
Tu avais chanté.
Il avait chanté.
Nous avions chanté.
Vous aviez chanté.
Ils avaient chanté.

FUTUR ABSOLU.

Formé du présent de l'infinitif chant er, *en changeant* er *en* erai.

Je chant erai.
Tu chant eras.
Il chant era.
Nous chant erons.
Vous chant erez.
Ils chant eront.

FUTUR PASSÉ *(composé)*.

J'aurai chanté.
Tu auras chanté.
Il aura chanté.
Nous aurons chanté.
Vous aurez chanté.
Ils auront chanté.

MODE CONDITIONNEL.

PRÉSENT ET FUTUR.

Formé du présent de l'infinitif chant er, *en changeant* er *en* erais.

Je chant erais.
Tu chant erais.
Il chant erait.
Nous chant erions.
Vous chant eriez.
Ils chant eraient.

1er PASSÉ *(composé)*.

J'aurais chanté.
Tu aurais chanté.
Il aurait chanté.
Nous aurions chanté.
Vous auriez chanté.
Ils auraient chanté.

2e PASSÉ *(composé)*.

J'eusse chanté.
Tu eusses chanté.
Il eût chanté.
Nous eussions chanté.
Vous eussiez chanté.
Ils eussent chanté.

MODE IMPÉRATIF.

Sujet toujours sous-entendu, et point de 1re personne au singulier.

PRÉSENT ET FUTUR.

Formé du présent de l'indicatif je chante, *en retranchant les pronoms.*

Chant e.
(Qu'il chant e.)
Chant ons.
Chant ez.
(Qu'ils chant ent.)

FUTUR PASSÉ (*composé*) (1). | Ayons chanté.
Aie chanté. | Ayez chanté.
(*Qu'*il ait chanté). | (*Qu'*ils aient chanté.)

MODE SUBJONCTIF.
Toujours précédé de la conjonction *que*.

PRÉSENT ET FUTUR.

Formé du participe présent chant ant, *en changeant* ant *en e muet:*

Il faut
{
Que je chant e.
Que tu chant es.
*Qu'*il chant e.
Que nous chant ions.
Que vous chant iez.
*Qu'*ils chant ent.
}

IMPARFAIT.

Formé du passé défini je chant ai, *en changeant* ai *en asse.*

Il faudrait
{
Que je chant asse.
Que tu chant asses.
*Qu'*il chant ât.
Que nous chant assions
Que vous chant assiez.
*Qu'*ils chant assent.
}

PASSÉ (*composé*).

Il faut
{
Que j'aie chanté.
Que tu aies chanté.
*Qu'*il ait chanté.
Que nous ayons chanté.
Que vous ayez chanté.
*Qu'*ils aient chanté.
}

PLUS-QUE-PARFAIT (*composé*).

Il faudrait
{
Que j'eusse chanté.
Que tu eusses chanté.
*Qu'*il eût chanté.
Que nous eussions chanté
Que vous eussiez chanté.
*Qu'*ils eussent chanté.
}

MODE INFINITIF.

PRÉSENT ET FUTUR.
Il est primitif.
Chant er.

PASSÉ (*composé*).
Avoir chanté.

PARTICIPES.

PRÉSENT.
Il est primitif.
Chant ant.

PASSÉ ACTIF (*composé*).
Ayant chanté.

(1) Pour avoir été omis par presque tous les grammairiens, ce temps n'en existe pas moins, excepté, comme on l'a vu, dans les verbes *avoir* et *être.*

PASSÉ PASSIF.

Il est primitif.

Chante, chantée (1).

FUTUR *(composé).*

Devant chanter.

Radical et terminaison.

99. Dans toute la conjugaison du verbe *chanter*, on a dû remarquer deux parties bien distinctes. La première est *chant*, qui n'a pas changé dans tout le verbe ; c'est ce qu'on appelle le *radical*. Le radical est donc *la partie du mot qui ne change point*. La seconde est, au présent de l'indicatif, *e, es, e, ons, ez, ent* ; à l'imparfait, *ais, ais, ait, ions, iez, aient* ; cette seconde partie change presque à chaque personne ; on l'appelle *terminaison* ou *désinence*. La terminaison est donc *la partie du mot qui change*. Pour conjuguer un verbe, il faut en connaître toutes les terminaisons.

La première conjugaison n'a qu'un seul radical pour tout le verbe, c'est celui du présent de l'infinitif ; on le trouve en retranchant la terminaison *er*. Ainsi, dans *passer* c'est *pass*, dans *prier* c'est *pri*.

100. Une fois qu'on a le radical, il suffit, pour conjuguer le verbe, d'y ajouter les terminaisons de chaque temps. Par exemple, pour conjuguer l'imparfait de *prier*, j'ajoute au radical *pri* les terminaisons de l'imparfait, *ais, ais, ait, ions, iez, aient* ; ce qui fait : *je pri ais, tu pri ais, il pri ait, nous pri ions, vous pri iez, ils pri aient.*

(On verra que les trois autres conjugaisons ont un radical particulier pour chaque temps primitif.)

(1) Le participe passif ne devrait pas se trouver dans la conjugaison active ; mais il a fallu l'y mettre, parce qu'il sert à composer des temps de l'actif.

Observations sur certains verbes de la première conjugaison.

I. *Verbes en* CER *et en* GER.

101. 1° Les verbes en *cer*, comme *menacer*, prennent une cédille sous le *c* chaque fois que cette lettre est suivie d'un *a* ou d'un *o*, afin de lui conserver la prononciation douce qu'il a au présent de l'infinitif. On écrit donc : *nous menaçons, je menaçai*.

2° Les verbes en *ger*, comme *manger*, prennent un *e* muet après le *g* chaque fois que cette lettre est suivie d'un *a* ou d'un *o*, afin de lui conserver également la prononciation douce qu'il a au présent de l'infinitif. On écrit donc : *nous mang*EON*s, je mang*EAI.

II. *Verbes dont l'avant-dernière syllabe a un* E *muet ou un* E *fermé.*

102. 1° Les verbes dont l'avant-dernière syllabe a un *e* muet, comme *l*EV*er*, changent cet *e* muet en *è* ouvert chaque fois que la syllabe suivante est muette. Exemple : *je l*ÈV*e* ; il eût été trop sourd de dire : *je l*EV*e*.

Par une exception assez singulière, si c'est un verbe en *eler*, ou en *eter*, comme *appeler*, et *jeter*, l'usage veut qu'au lieu de rendre ouvert l'*e* qui précède l'*l* ou le *t*, on double cette *l* ou ce *t*. On écrit donc : *j'ap*PELL*e, je jet*TE, et non *j'app*ÈL*e, je j*ÈL*e*. Toutefois, il y a six verbes qui n'entrent pas dans cette exception, mais qui suivent la règle générale ; ce sont : *acheter, bourreler, déceler, geler, harceler* et *peler*. Ils font, selon la règle : *j'ach*ÈT*e, je bourr*ÈL*e, je déc*ÈL*e, je g*ÈL*e, je harc*ÈL*e* et *je p*ÈL*e*.

2° Les verbes dont l'avant-dernière syllabe a un

é fermé, comme *répéter*, changent cet *é* fermé en *è* ouvert chaque fois que la syllabe suivante est muette. Exemple : *je répète*.

Il faut excepter de cette règle les verbes en *éer* et en *éger*, comme *créer* et *protéger*, lesquels conservent toujours leur *é* fermé. On écrit donc : *je crée, je protège*.

III. *Verbes qui ont un* y *avant la terminaison*.

103. Les verbes qui ont un *y* avant la terminaison, comme *essayer, grasseyer, employer, essuyer*, change cet *y* en *i* chaque fois que cette lettre est suivie d'un *e* muet. On écrit donc avec un *i* : *j'essaie, je grassaie, j'emploie, j'essuie*, et avec un *y* : *nous essayons, nous grasseyons, nous employons, nous essuyons* (1).

Verbes irréguliers et défectueux de la première conjugaison.

104. On appelle *irréguliers* les verbes qui ne suivent pas exactement les règles générales de la formation des temps. Il y en a dans les quatre conjugaisons.

105. On appelle *défectueux* les verbes auxquels il manque quelques temps ou quelques personnes.

La première conjugaison n'a que deux verbes irréguliers : ce sont *aller* et *envoyer*. Voici leurs irrégularités :

ALLER. — Indicatif présent : *je vais* ou *je vas, tu vas, il va, ils vont*. — Futur absolu : *j'irai, tu iras*, etc. — Conditionnel présent : *j'irais, tu irais*, etc. —

____

(1) On trouvera dans les autres conjugaisons des cas où ce même principe est appliqué : par exemple, dans les temps formés des participes *fuyant* et *voyant*.

Subjonctif présent : *que j'aille, que tu ailles, qu'il aille, qu'ils aillent.*

ENVOYER. — Indicatif, futur : *j'enverrai, tu enverras,* etc. — Conditionnel présent : *j'enverrais, tu enverrais,* etc.

106. *Remarque.* Lorsqu'un verbe est irrégulier, ceux qui en sont composés ont les mêmes irrégularités. C'est ainsi que *s'en aller* a les irrégularités d'*aller,* et *renvoger* celles d'*envoger.*

Observez que, dans le verbe *s'en aller,* le mot en se place toujours avant l'auxiliaire ; on dit donc : *je m'*EN *suis allé,* et non *je me suis* EN *allé.*

Sur *chanter,* conjuguez pour exercice :

Aimer, embarrasser, clouer, lier, tracer, changer, lever, régler, créer, protéger, mener, espérer, agréer, alléger, planchéier, régner, terrasser, employer, grasseyer, appuyer, payer, appeler, harceler, jeter, acheter, ne pas essuyer, enlacer et enlever, peler et manger.

MODÈLE DE LA 2ᵉ CONJUGAISON ACTIVE :
FINIR.

MODE INDICATIF.

PRÉSENT.	IMPARFAIT.
Il est primitif au singulier.	*Formé du participe présent finiss ant, en changeant ant en ais.*
Je fini s.	
Tu fini s.	
Il fini t.	
	Je finiss ais.
Pluriel formé du participe présent finiss ant en changeant ant en ons.	Tu finiss ais.
	Il finiss ait.
	Nous finiss ions.
Nous finiss ons.	Vous finiss iez.
Vous finiss ez.	Ils finiss aient.
Ils finiss ent.	

PASSÉ DÉFINI.

Il est primitif.

Je fini s.
Tu fini s.
Il fini t.
Nous fini mes.
Vous fini tes.
Ils fini rent.

PASSÉ INDÉFINI (*composé*).

J'ai fini.
Tu as fini.
Il a fini.
Nous avons fini.
Vous avez fini.
Ils ont fini.

PASSÉ ANTÉRIEUR (*composé*).

J'eus fini.
Tu eus fini.
Il eut fini.
Nous eûmes fini.
Vous eûtes fini.
Ils eurent fini.

PLUS-QUE-PARFAIT (*composé*).

J'avais fini.
Tu avais fini.
Il avait fini.
Nous avions fini.
Vous aviez fini.
Ils avaient fini.

FUTUR ABSOLU.

Formé du présent de l'infinitif fin ir, *en changeant* ir *en* irai.

Je fin irai.
Tu fin iras.
Il fin ira.
Nous fin irons.
Vous fin irez.
Ils fin iront.

FUTUR PASSÉ (*composé*).

J'aurai fini.
Tu auras fini.
Il aura fini.
Nous aurons fini.
Vous aurez fini.
Ils auront fini.

MODE CONDITIONNEL.

PRÉSENT ET FUTUR.

Formé du présent de l'infinitif fin ir, *en changeant* ir *en* irais.

Je fin irais.
Tu fin irais.
Il fin irait.
Nous fin irions.
Vous fin iriez.
Ils fin iraient.

1ᵉʳ PASSÉ (*composé*).

J'aurais fini.
Tu aurais fini.
Il aurait fini.
Nous aurions fini.
Vous auriez fini.
Ils auraient fini.

2ᵉ PASSÉ (*composé*).

J'eusse fini.
Tu eusses fini.
Il eût fini.
Nous eussions fini.
Vous eussiez fini.
Ils eussent fini.

MODE IMPÉRATIF.

Sujet sous-entendu, et point de 1re personne au singulier.

PRÉSENT ET FUTUR.

Formé du présent de l'indicatif je fini s, *en retranchant les pronoms.*

Fini s.
(*Qu'*il finiss e.)
Finiss ons.

Finiss ez.
(*Qu'*ils finiss ent.)

FUTUR PASSÉ (*composé*).

Aie fini.
(*Qu'*il ait fini.)
Ayons fini.
Ayez fini.
(*Qu'*ils aient fini.)

MODE SUBJONCTIF.

Il est toujours précédé de la conjonction *que.*

PRÉSENT ET FUTUR.

Formé du participe présent finiss ant, *en changeant* ant *en* e *muet.*

On demande :
Que je finiss e.
Que tu finiss es.
Qu'il finiss e.
Que nous finiss ions.
Que vous finiss iez.
Qu'ils finiss ent.

IMPARFAIT.

Formé du passé défini je fini s, *en ajoutant* se.

On demandait :
Que je fini sse.
Que tu fini sses.
Qu'il finî t.
Que nous fini ssions.
Que vous fini ssiez.
Qu'ils fini ssent.

PASSÉ (*composé*).

On demandera :
Que j'aie fini.
Que tu aies fini.
Qu'il ait fini.
Que nous ayons fini.
Que vous ayez fini.
Qu'ils aient fini.

PLUS-QUE-PARFAIT (*composé*).

On aurait demandé :
Que j'eusse fini.
Que tu eusses fini.
Qu'il eût fini.
Que nous eussions fini.
Que vous eussiez fini.
Qu'ils eussent fini.

MODE INFINITIF.

PRÉSENT ET FUTUR.

Il est primitif.

Fin ir.

PASSÉ (*composé*).

Avoir fini.

PARTICIPES.

PART. PRÉS. (*primitif*).

Finiss ant.

PART. PASSÉ ACTIF (*composé*).

Ayant fini.

PARTICIPE PASSÉ PASSIF.	PARTICIPE FUTUR (*composé*).
Il est primitif.	Devant finir.
Fini, finie.	

107. On a dit que les trois dernières conjugaisons ont un radical particulier pour chaque temps primitif ; en effet, *finir* a pour radicaux, au présent de l'infinitif, *fin* ; au présent de l'indicatif, *fini* ; au passé défini, *fini* ; au participe présent, *finiss* ; quant au participe passé, comme il ne se décompose jamais, on ne lui assigne point de radical.

108. Quand on a un verbe à conjuguer, il faut, avant tout, en connaître les temps primitifs ; après quoi, pour former un temps quelconque, il suffit d'ajouter la terminaison de ce temps au radical du temps primitif dont il dérive. Par exemple, je veux former l'imparfait de l'indicatif du verbe *fuir* : je m'assure d'abord que les temps primitifs sont *fui r, je fui s, je fui s, fuy ant, fui*. Comme je sais que l'imparfait de l'indicatif dérive du participe présent, j'en prends le radical, qui est *fuy*, j'y ajoute les terminaisons *ais, ait*, etc., qui sont sur le modèle, et j'ai : *je fuy ais, tu fuy ais, il fuy ait, nous fuy ions, vous fuy iez, ils fuy aient.*

Remarque sur CUEILLIR, OFFRIR, OUVRIR, SOUFFRIR et TRESSAILLIR.

109. Les cinq verbes *cueillir, offrir, ouvrir, souffrir* et *tressaillir*, ainsi que leurs composés, *recueillir, couvrir*, etc., prennent au présent de l'indicatif les terminaisons de la première conjugaison, *e, es, e,* etc. Ils font donc : *je cueille, tu cueilles, il cueille,* etc. ; *j'offre, tu offres, il offre,* etc.

(*Voir le tableau ci-après*).

VERBES IRRÉGULIERS DE LA 2e CONJUGAISON

INF. PRÉS.	INDIC. PRÉS.	PASSÉ DÉFINI	PART PRÉS.	PART. PASSÉ.
Acquérir.	J'acquiers.	J'acquis.	Acquérant.	Acquis.
Bénir.	Je bénis.	Je bénis.	Bénissant.	Béni. / Bénit.
Bouillir.	Je bous.	Je bouillis.	Bouillant.	Bouilli.
Courir.	Je cours.	Je courus.	Courant.	Couru.
Cueillir.	Je cueille.	Je cueillis.	Cueillant.	Cueilli.
Dormir.	Je dors.	Je dormis.	Dormant.	Dormi.
Faillir.		Je faillis.		Failli.
Fleurir.	Je fleuris.	Je fleuris.	Fleurissant. / Florissant.	Fleuri.
Fuir.	Je fuis.	Je fuis.	Fuyant.	Fui.
Gésir (*inus*).				
Haïr.	Je hais.	Je haïs.	Haïssant.	Haï.
Mentir.	Je mens.	Je mentis.	Mentant.	Menti.
Mourir.	Je meurs.	Je mourus.	Mourant.	Mort.
Ouïr.	J'ois.	J'ouïs.	Oyant.	Ouï.
Ouvrir.	J'ouvre.	J'ouvris.	Ouvrant.	Ouvert.
Partir.	Je pars.	Je partis.	Partant.	Parti.
Sentir.	Je sens.	Je sentis.	Sentant.	Senti.
Sortir.	Je sors.	Je sortis.	Sortant.	Sorti.
Tenir.	Je tiens.	Je tins.	Tenant.	Tenu.
Tressaillir.	Je tressaille	Je tressaillis	Tressaillant.	Tressailli.
Venir.	Je viens.	Je vins.	Venant.	Venu.
Vêtir.	Je vêts.	Je vêtis.	Vêtant.	Vêtu.

Ind. prés. *Ils acquièrent.* — Futur abs. *J'acquerrai, tu acquerras,* etc. — Condi. prés. *J'acquerrais, tu acquerrais,* etc. — Subjonct. prés. *Que j'acquière, que tu acquières, qu'il acquière.... qu'ils acquièrent.*

C'est-à-dire chéri, protégé, à qui on souhaite du bien.
C'est-à-dire consacré par une cérémonie religieuse.

Indicatif, futur absolu. *Je courrai, tu courras,* etc. — Conditionnel présent. *Je courrais, tu courrais,* etc.
Indicatif, futur absolu. *Je cueillerai,* etc. — Conditionnel présent. *Je cueillerais,* etc.

Il n'est pas irrégulier, mais défectueux, n'étant guère usité qu'au passé défini : *Je faillis,* etc. Quelques-uns lui donnent un futur : *Je faudrai,* etc. Du reste, il a tous les temps composés.
Employé au physique : *(Un arbre fleurissant).*
Employé au moral : *(Un empire florissant).*

Il n'a d'usité que ce qui suit : *Il gît, nous gisons, vous gisez,* etc. Imp., *Je gisais,* etc. Quelques-uns doublent l's : *Je gissais,* etc.

Ind. présent. *Ils meurent.* — Fut. abs. *Je mourrai,* etc. — Cond. prés. *Je mourrais,* etc. — Subj. prés. *Que je meure, que tu meures, qu'il meure... qu'ils meurent.* Du reste, il n'est guère usité qu'au présent de l'infinitif et aux temps composés.

Le composé *repartir* (*partir de nouveau* ou *répliquer*), se conjugue comme *partir*; mais *répartir*, avec accent (*partager*), se conjugue comme *finir*.

Ressortir, signifiant *sortir de nouveau*, se conjugue comme *sortir*; mais, signifiant *être du ressort*, il se conjugue comme *finir*. —
Indicatif prés. *Ils tiennent.* — Futur abs. *Je tiendrai,* etc. — Condit. prés. *Je tiendrais,* etc. — Subjonctif prés. *Que je tienne, que tu tiennes, qu'il tienne.... qu'ils tiennent.*
Futur. *Je tressaillerai,* etc. — Cond. prés. *Je tressaillerais,* etc.

Venir a les mêmes irrégularités que *Tenir.*

Sur *finir*, conjuguez pour exercice :

Blanchir, cueillir, fuir, bouillir, acquérir, mourir, tenir, vêtir, haïr, faillir, ouïr, fleurir, tressaillir, sentir et souffrir, ne pas courir, languir et mourir.

MODÈLE DE LA 3ᵉ CONJUGAISON ACTIVE : *RECEVOIR.*

MODE INDICATIF.

PRÉSENT.

Il est primitif au singulier.
Je reçoi s (1).
Tu reçoi s (2).
Il reçoi t (3).

Le pluriel est formé du participe présent recev ant, *en changeant* ant *en* ons.

Nous recev ons.
Vous recev ez.
Ils reçoiv ent (*irrégulier*).

IMPARFAIT.

Formé du participe présent recev ant *en changeant* ant *en* ais.

Je recev ais.
Tu recev ais.
Il recev ait.
Nous recev ions.
Vous recev iez.
Ils recev aient.

PASSÉ DÉFINI.

Il est primitif.

Je reçu s.
Tu reçu s.
Il reçu t.
Nous reçû mes.
Vous reçû tes.
Ils reçu rent.

PASSÉ INDÉFINI (*composé*).

J'ai reçu.
Tu as reçu.
Il a reçu.
Nous avons reçu.
Vous avez reçu.
Ils ont reçu.

PASSÉ ANTÉRIEUR (*composé*).

J'eus reçu.
Tu eus reçu.
Il eut reçu.

(1) Remarquez que, de tous les verbes qui finissent par le son *oir*, il n'y a que *boire* et *croire* qui soient en *re*.

(2) Il y a quatre verbes qui, à la 1ʳᵉ et à la 2ᵉ personne du singulier, prennent un *x* au lieu d'une *s* : ce sont *pouvoir, vouloir, valoir* et *prévaloir*, qui font *je peux, tu peux* ; *je veux, tu veux* ; *je vaux, tu vaux* ; *je prévaux, tu prévaux.*

(3) Si le radical était terminé par un *d*, comme *il s'assied*, on n'y ajouterait pas le *t* de la terminaison.

Nous eûmes reçu.
Vous eûtes reçu.
Ils eurent reçu.

PLUS-QUE-PARFAIT *(composé).*
J'avais reçu.
Tu avais reçu.
Il avait reçu.
Nous avions reçu.
Vous aviez reçu.
Ils avaient reçu.

FUTUR ABSOLU.
Formé du présent de l'in-finitif recev oir, *en chan-geant* oir *en* rai.

Je recev rai.
Tu recev ras.
Il recev ra.
Nous recev rons.
Vous recev rez.
Ils recev ront.

FUTUR PASSÉ *(composé).*
J'aurai reçu.
Tu auras reçu.
Il aura reçu.
Nous aurons reçu.
Vous aurez reçu.
Ils auront reçu.

MODE CONDITIONNEL.

PRÉSENT ET FUTUR.
Formé du présent de l'in-finitif recev oir, *en chan-geant* oir *en* rais.

Je recev rais.
Tu recev rais.
Il recev rait.
Nous recev rions.
Vous recev riez.
Ils recev raient.

1er PASSÉ *(composé).*
J'aurais reçu.
Tu aurais reçu.
Il aurait reçu.
Nous aurions reçu.
Vous auriez reçu.
Ils auraient reçu.

2e PASSÉ *(composé).*
J'eusse reçu.
Tu eusses reçu.
Il eût reçu.
Nous eussions reçu.
Vous eussiez reçu.
Ils eussent reçu.

MODE IMPÉRATIF.
Sujet sous-entendu, et point de 1re personne au singulier.

PRÉSENT ET FUTUR.
Formé du présent de l'in-dicatif je reçois, *en suppri-mant les pronoms.*

Reçoi s.
(*Qu'il* reçoiv e).
Recev ons.
Recev ez.
(*Qu'ils* reçoiv ent).

FUTUR PASSÉ *(composé).*
Aie reçu.
(*Qu'il* ait reçu).
Ayons reçu.
Ayez reçu.
(*Qu'ils* aient reçu).

Toujours précédé de la conjonction *que*.

PRÉSENT ET FUTUR.

Formé du participe présent recev **ant,** *en changeant* ant *en* e *muet.*

On veut
- Que je reçoiv e (*irrég.*)
- Que tu reçoiv es (*irrég.*)
- Qu'il reçoiv e (*irrégul.*)
- Que nous reçev ions.
- Que vous recev iez.
- Qu'ils reçoiv ent (*irr.*)

IMPARFAIT.

Formé du passé défini je reçu s, *en ajoutant* se.

On voudrait
- Que je reçu sse.
- Que tu reçu sses.
- Qu'il reçû t.
- Que nous reçu ssions.
- Que vous reçu ssiez.
- Qu'ils reçu ssent.

PASSÉ (composé).

On veut
- Que j'aie reçu.
- Que tu aies reçu.
- Qu'il ait reçu.
- Que nous ayons reçu.
- Que vous ayez reçu.
- Qu'ils aient reçu.

PLUS-QUE-PARFAIT (composé).

On voulait
- Que j'eusse reçu.
- Que tu eusses reçu.
- Qu'il eût reçu.
- Que nous eussions reçu.
- Que vous eussiez reçu.
- Qu'ils eussent reçu.

MODE INFINITIF.

PRÉSENT ET FUTUR.

Il est primitif.

Recev oir.

PASSÉ (composé).

Avoir reçu.

PARTICIPES.

PARTICIPE PRÉSENT.

Il est primitif.

Recev ant.

PART. PASSÉ ACTIF (composé).

Ayant reçu.

PARTICIPE PASSÉ PASSIF.

Il est primitif.

Reçu, reçue.

PARTICIPE FUTUR (composé).

Devant recevoir.

(Voir le tableau ci-après.)

179. VERBES IRRÉGULIERS DE LA 3e CONJUGAISON.

INF. PRÉS.	INDIC. PRÉ.	PASSÉ DÉFINI	PART. PRÉS.	PART. PASSÉ.
Asseoir. (1)	J'assieds. J'asseois.	J'assis.	Asseyant. Assoyant.	Assis.
Avoir.	J'ai.	J'eus.	Ayant.	Eu.
Choir.				Chu.
Déchoir.	Je déchois.	Je déchus.		Déchu.
Devoir.	Je dois.	Je dus.	Devant.	Dû.
Échoir.	J'échois.	J'échus.	Échéant.	Échu.
Falloir.	Il faut.	Il fallut.		Fallu.
Mouvoir.	Je meus.	Je mus.	Mouvant.	Mu.
Pleuvoir.	Il pleut.	Il plut.	Pleuvant.	Plu.
Pourvoir.	Je pourvois.	Je pourvus.	Pourvoyant.	Pourvu.
Pouvoir.	Je peux. Je puis.	Je pus.	Pouvant.	Pu.
Prévaloir.	Je prévaux.	Je prévalus.	Prévalant.	Prévalu.
Prévoir.	Je prévois.	Je prévis.	Prévoyant.	Prévu.
Ravoir.				
Savoir.	Je sais.	Je sus.	Sachant.	Su.
Seoir.	Il sied.		Séant. Seyant.	
Surseoir.	Je sursois.	Je sursis.	Sursoyant.	Sursis.
Valoir.	Je vaux.	Je valus.	Valant.	Valu.
Voir.	Je vois.	Je vis.	Voyant.	Vu.
Vouloir (2).	Je veux.	Je voulus.	Voulant.	Voulu.

(1) Les formes en *oir, oirai, oirais,* sont principalement usitées dans le style figuré et le style soutenu.

AVEC LEURS IRRÉGULARITÉS.

Indicatif, futur absolu. *J'assiérai*, etc., ou *j'asseyerai*, etc., ou *j'asseyerais*, etc. Conditionnel présent. *J'assiérais*, etc., ou *j'asseyerais*, etc., ou *j'assoierais*, etc.
Voyez ses irrégularités à sa conjugaison.

Mêmes irrégularités qu'*échoir*.

Indicatif présent. *Ils doivent.* Subjonctif présent. *Que je doive que tu doives, qu'il doive.... qu'ils doivent.*

Indicatif présent. On peut dire : *Il échet.* — Futur absolu , *J'écherrai*, etc. — Conditionnel présent : *J'écherrais*, etc.
Ind., futur absolu. *Il faudra.*— Cond. présent. *Il faudrait.*

Indicatif présent. *Ils meuvent,* — Subjonctif présent. *Que je meuve, que tu meuves, qu'il meuve..., qu'ils meuvent.*

Indicatif, futur absolu. *Je pourvoirai*, etc. Conditionnel présent. *Je pourvoirais*, etc.
Indicatif prés. *Ils peuvent.* — Futur abs. *Je pourrai*, etc. — Cond. prés. *Je pourrais*, etc.— Sub. prés. *Que je puisse*, etc.
Comme *valoir*, excepté le prés. du sub. *Que je prévale*, etc.
Indicatif, futur absolu. *Je prévoirai*, etc. — Conditionnel présent. *Je prévoirais*, etc.

Il n'est usité qu'au présent de l'infinitif.
Ind. prés. *Nous savons, vous savez, ils savent.* Imp. *Je savais,* etc.—Fut. abs. *Je saurai*, etc. — Cond. prés. *Je saurais*, etc. — Impératif, *sache, sachons, sachez.*
Dans le sens d'*être assis.*
Dans le sens de *convenir.*

Il n'a ni présent de l'impératif, ni présent du subjonctif.
Indicatif, futur absolu. *Je vaudrai*, etc. — Conditionnel présent. *Je vaudrais*, etc.— Subjonctif présent. *Que je vaille, que tu vailles, qu'il vaille..., qu'ils vaillent.*
Indic. fut. abs. *Je verrai*, etc. Cond. prés. *Je verrais*, etc.
Indicatif prés. *Ils veulent.*— Futur abs. *Je voudrai*, etc.—Conditionnel prés. *Je voudrais*, etc.—Subjonctif prés. *Que je veuille, que tu veuilles, qu'il veuille..., qu'ils veuillent.*

---

(2) L'impératif *veux, voulez,* ne s'emploie que dans certains cas très-rares ; on dit ordinairement: *veuille, veuillez.*

Sur *recevoir*, conjuguez pour exercice :
Vouloir, pouvoir, savoir, asseoir, déchoir, mouvoir, ne pas devoir, prévoir et surseoir.

MODÈLE DE LA 4e CONJUGAISON ACTIVE :
LIRE.

MODE INDICATIF.

PRÉSENT.

Il est primitif au singulier.
Je li s.
Tu li s.
Il li t.

Pluriel formé du participe présent lis ant, *en changeant* ant *en* ons.

Nous lis ons.
Vous lis ez.
Ils lis ent.

IMPARFAIT.

Formé du participe présent lis ant *en changeant* ant *en* ais.

Je lis ais.
Tu lis ais.
Il lis ait.
Nous lis ions.
Vous lis iez.
Ils lis aient.

PASSÉ DÉFINI.

Il est primitif.
Je lu s.
Tu lu s.
Il lu t.
Nous lû mes.
Vous lû tes.
Ils lu rent.

PASSÉ INDÉFINI (*composé*).

J'ai lu.
Tu as lu.
Il a lu.
Nous avons lu.
Vous avez lu.
Ils ont lu.

PASSÉ ANTÉRIEUR (*composé*).

J'eus lu.
Tu eus lu.
Il eut lu.
Nous eûmes lu.
Vous eûtes lu.
Ils eurent lu.

PLUS-QUE-PARFAIT (*composé*).

J'avais lu.
Tu avais lu.
Il avait lu.
Nous avions lu.
Vous aviez lu.
Ils avaient lu.

FUTUR ABSOLU.

Formé du présent de l'infinitif li re, *en changeant* re *en* rai.

Je li rai.
Tu li ras.
Il li ra.
Nous li rons.
Vous li rez.
Ils li ront.

FUTUR PASSÉ (*composé*).

J'aurai lu.
Tu auras lu.

Il aura lu.
Nous aurons lu.
Vous aurez lu.
Ils auront lu.

MODE CONDITIONNEL.

PRÉSENT ET FUTUR.

Formé du présent de l'infinitif li re, *en changeant* re *en* rais.
Je li rais.
Tu li rais.
Il li rait.
Nous li rions.
Vous li riez.
Ils li raient.

1er PASSÉ (*composé*).
J'aurais lu.

Tu aurais lu.
Il aurait lu.
Nous aurions lu.
Vous auriez lu.
Ils auraient lu.

2e PASSÉ (*composé*).
J'eusse lu.
Tu eusses lu.
Il eût lu.
Nous eussions lu.
Vous eussiez lu.
Ils eussent lu.

MODE IMPÉRATIF.

Sujet sous-entendu, et point de 1re personne au singulier.

PRÉSENT ET FUTUR.

Formé du présent de l'indicatif je li s, *en retranchant les pronoms.*
Li s.
(*Qu'il* lis e).
Lis ons.
Lis ez.
(*Qu'ils* lis ent).

FUTUR PASSÉ (*composé*).

Aie lu.
(*Qu'il* ait lu).
Ayons lu.
Ayez lu.
(*Qu'ils* aient lu.

MODE SUBJONCTIF.

Toujours précédé de la conjonction *que.*

PRÉSENT ET FUTUR.

Formé du participe présent lis ant, *en changeant* ant *en* e *muet.*

Il convient
{
Que je lis e.
Que tu lis es.
Qu'il lis e.
Que nous lis ions.
Que vous lis iez.
Qu'ils lis ent.
}

IMPARFAIT.

Formé du passé défini je lu s, *en ajoutant* se.

Il convenait
{
Que je lu sse.
Que tu lu sses.
Qu'il lû t.
Que nous lu ssions.
Que vous lu ssiez.
Qu'ils lu ssent.
}

	PASSÉ (*composé*).		PLUS-QUE-PARFAIT (*composé*).
Il convient	*Que* j'aie lu. *Que* tu aies lu. *Qu*'il ait lu. *Que* nous ayons lu. *Que* vous ayez lu. *Qu*'ils aient lu.	Il convenait	*Que* j'eusse lu. *Que* tu eusses lu. *Qu*'il eût lu. *Que* nous eussions lu. *Que* vous eussiez lu. *Qu*'ils eussent lu.

MODE INFINITIF.

PRÉSENT ET FUTUR. *Il est primitif.*	PASSÉ (*composé*).
Li re.	Avoir lu.

PARTICIPES.

PARTICIPE PRÉSENT. *Il est primitif.*	PARTICIPE PASSÉ PASSIF. *Il est primitif.*
Lis ant.	Lu, lue.
PART. PASSÉ ACTIF (*composé*). Ayant lu.	PARTICIPE FUTUR. Devant lire.

Remarques sur certains verbes de la quatrième conjugaison.

110. 1° Les verbes de cette conjugaison qui sont terminés en *dre*, comme *rendre, perdre*, font exception au modèle, en ce qu'ils ont la troisième personne du présent de l'indicatif terminée par un *d*, au lieu d'un *t*, c'est-à-dire qu'à cette personne ils n'ont que le radical : *il rend, il perd*.

Toutefois, si le verbe en *dre* était en *indre* ou en *soudre*, comme CRAINDRE, RÉSOUDRE, il rentrerait dans la règle générale, c'est-à-dire qu'il prendrait le *t* à la troisième personne du singulier, comme le modèle *lire* ; on écrit donc *il crain*T, *il résou*T, par un *t*.

2°. Si à la troisième personne du singulier du présent de l'indicatif, le radical était déjà terminé par un *t*, on n'y ajouterait pas celui de la terminaison, ainsi, *battre, croître*, font *il bat, il croît*; c'est le simple radical.

3° Le verbe *vaincre* et son composé *convaincre* ne conservent non plus que le radical à cette troisième personne : *il vainc, il convainc.*

(*Voir le tableau ci-après.*)

VERBES IRRÉG. DE la 4ᵉ CONJUG. AVEC LEURS IRRÉGULARITÉS

INF. PRÉS.	INDIC. PRÉS.	PASSÉ DÉFINI	PART. PRÉS	PART. PASSÉ.
Absoudre.	J'absous.		Absolvant.	Absous.
Battre.	Je bats.	Je battis.	Battant.	Battu.
Boire.	Je bois.	Je bus.	Buvant.	Bu.
Braire				
Ceindre.	C. peindre.			
Circoncire.	Je circoncis	Je circoncis	Circoncisant	Circoncis.
Clore	Je clos.			Clos.
Conclure.	Je conclus	Je conclus.	Concluant.	Conclu.
Conduire.	Je conduis	Je conduisis	Conduisant	Conduit.
Connaître.	Je connais.	Je connus.	Connaissant	Connu.
Coudre.	Je couds.	Je cousis.	Cousant.	Cousu.
Craindre.	Je crains.	Je craignis.	Craignant.	Craint.
Croire.	Je crois.	Je crus.	Croyant.	Cru.
Croître.	Je croîs.	Je crûs.	Croissant.	Crû.
Dire.	Je dis.	Je dis.	Disant.	Dit.
Dissoudre.	C. absoudre			
Ecrire.	J'écris.	J'écrivis.	Ecrivant.	Ecrit.
Être.	Je suis.	Je fus.	Etant.	Eté.
Exclure.	J'exclus.	J'exclus.	Excluant.	Exclu.
Faire.	Je fais.	Je fis.	Faisant.	Fait.
Feindre.	C. peindre.			
Frire.	Je fris.			Frit.
Joindre.	Je joins.	Je joignis.	Joignant.	Joint.
Luire.	Je luis.		Luisant.	Lui.
Mettre.	Je mets.	Je mis.	Mettant.	Mis.
Moudre.	Je mouds.	Je moulus.	Moulant.	Moulu.
Naître.	Je nais.	Je naquis.	Naissant.	Né.
Nuire.	Je nuis.	Je nuisis.	Nuisant.	Nui.
Oindre.	J'oins.	J'oignis.	Oignant.	Oint.
Paître.	Je pais.		Paissant.	Pu.
Paraître.	Je parais.	Je parus.	Paraissant.	Paru.
Peindre.	Je peins.	Je peignis.	Peignant.	Peint.
Plaindre.	Je plains.	Je plaignis.	Plaignant.	Plaint.
Plaire.	Je plais.	Je plus.	Plaisant.	Plu.
Prendre.	Je prends.	Je pris.	Prenant.	Pris.
Rendre.	Je rends.	Je rendis.	Rendant.	Rendu.
Répondre.	Je réponds.	Je répondis.	Répondant.	Repondu.
Résoudre.	Je résous.	Je résolus.	Résolvant.	Résolu. Résous.
Rire.	Je ris.	Je ris.	Riant.	Ri.
Rompre.	Je romps.	Je rompis.	Rompant.	Rompu.
Suffire.	Je suffis.	Je suffis.	Suffisant.	Suffi.
Suivre.	Je suis.	Je suivis.	Suivant.	Suivi.
Taire.	Je tais.	Je tus.	Taisant.	Tu.
Traire.	Je trais.		Trayant.	Trait.
Vaincre.	Je vaincs.	Je vainquis.	Vainquant.	Vaincu.
Vivre.	Je vis.	Je vécus.	Vivant.	Vécu.

{ **Ind. pr.** *Ils boivent.* — **Subj. pr.** *Que je boive, que tu boives, qu'il boive...., qu'ils boivent.*

Il n'a d'usité que : *Il brait, ils braient ; il braira, ils brairont ; il brairait ; ils brairaient.*

{ **Ind. pr.** *Vous dites.* De tous les composés de *dire*, il n'y a que *redire* qui prenne cette irrégularité (*Vous redites*). *Maudire* fait au part. prés. *maudissant.*

Voyez ses irrégularités à sa conjugaison.

{ **Ind. pr.** *Vous faites, ils font.* — F. abs., *Je ferai*, etc. — Cond. pr. *Je ferais*, etc.—**Subj. pr.** *Que je fasse, que tu fasses*, etc.

Il n'a d'usité que le prés. de l'ind. au sing.: *Je fris, tu fris, il frit* ; tout le fut. abs.: *Je frirai*, etc.; tout le prés. du cond.: *Je frirais*, etc.; et l'impératif : *Fris.*

{ **Ind. prés.** *Ils prennent.* — **Subj. prés.** *Que je prenne, que tu prennes, qu'il prenne...., qu'ils prennent.*

Voyez l'observation sur *rendre*, à la fin de la conj. de *li re.*

{ Dans le sens ordinaire ; exemple : *Résolu à partir.*

Dans le sens matériel ; exemple : *Le brouillard s'est résous en pluie.*

Sur *lire*, conjuguez pour exercice :

Boire, dire, craindre, battre, vaincre, faire, absoudre, entendre, croire, croître, fondre, traire, frire, coudre, ne pas feindre, naître et paraître, rompre et découdre.

111. TABLEAU DES TERMINAISONS OU DÉSINENCES DES QUATRE CONJUGAISONS ACTIVES.

Présent de l'indicatif.

1re Conjugaison. e,	es,	e,	ons,	ez,	ent.
2e, 3e, 4e Conjugaisons. s,	s,	t,	ons,	ez,	ent.

Imparfait de l'indicatif.

1re, 2e, 3e, 4e Conjug. ais, ais, ait, ions, iez, aient.

Passé défini.

1re Conjugaison. ai,	as,	a,	âmes,	âtes,	èrent.
2e, 3e, 4e Conjugaisons. s,	s,	t,	mes,	tes,	rent.

Futur absolu indicatif.

1re Conjugaison. erai,	eras,	era,	erons,	erez,	eront.
2e Conjugaison. irai,	iras,	ira,	irons,	irez,	iront.
3e, 4e Conjugaisons. rai,	ras,	ra,	rons,	rez,	ront

Présent du conditionnel.

1re Conjugaison. erais,	erais,	erait,	erions,	eriez,	eraient.
2e Conjugaison. irais,	irais,	irait,	irions,	iriez,	iraient.
3e, 4e Conjugaisons. rais,	rais,	rait,	rions,	riéz,	raient.

Présent du subjonctif.

1re, 2e, 3e, 4e Conjug. e, es, e, ions, iez, ent.

Imparfait du subjonctif.

1re Conjugaison. asse,	asse,	ât,	assions,	assiez,	assent.
2e, 3e, 4e Conjug. sse,	sses,	t,	ssions,	ssiez,	ssent.

Observations sur l'orthographe des verbes.

112. 1° La deuxième personne du singulier est toujours terminée par une *s*. Il n'y a d'excepté que l'impératif de la première conjugaison. Exemple : *chante.* Cependant, par euphonie, on met une s à cette personne devant *y* et *en.* Exemple : *Vas-y ; donnes-en à ton frère.*

2° La première personne plurielle est toujours terminée par *ons,* excepté au passé défini : *nous chantâmes, nous lûmes.*

3° La deuxième personne plurielle est toujours terminée par *ez,* excepté au passé défini : *vous chantâtes, vous lûtes.*

4° La troisième personne plurielle est toujours terminée par *nt.*

Sur le mode infinitif.

115. 1° Le verbe, à l'infinitif, est toujours employé comme substantif ; il remplit toujours une des fonctions que remplit le substantif dans la phrase, c'est-à-dire qu'il est toujours ou sujet, ou complément, ou attribut, ou employé en *apostrophe* (1). Exemple : quand on dit : MENTIR *est une lâcheté,* l'infinitif présent *mentir* est sujet. — *Je voudrais* AVOIR ÉTÉ *sage,* l'infinitif passé *avoir été* est complément. — *Le vrai courage est de* SE VAINCRE, l'infinitif présent *se vaincre* est attribut. Quelquefois même l'infinitif est accompagnée de l'article, comme : Le *manger et* LE *boire.* On le trouve même avec un adjectif, comme : LE DOUX *parler ne nous nuit point.* (Lafontaine.)

Lors donc que le verbe est au mode infinitif, on

(1) On dit qu'un mot est employé en *apostrophe* lorsqu'il sert à adresser la parole, comme : NOTRE PÈRE, *qui êtes au ciel ;* le mot *père,* servant à adresser la parole, est dit employé en apostrophe. Dans : *O doux parler de mon Dieu !* l'infinitif *parler* est employé en apostrophe. C'est le vocatif des Latins.

le traite comme s'il était un véritable nom, et on l'appelle *nom verbal*. Du reste, le nom verbal peut avoir les mêmes compléments que le verbe auquel il appartient.

2° Le présent de l'infinitif est quelquefois employé pour le participe présent ; dans ce cas, il cesse d'être nom verbal. Exemple : *Je l'ai vu* ENTRER, c'est-à-dire *je l'ai vu* ENTRANT.

QUESTIONNAIRE.

96. Combien y a-t-il de conjugaisons ?

97. Comment se divisent les temps des verbes ? — Qu'est-ce qu'un temps simple ? — un temps composé ?

98. Qu'est-ce qu'un temps primitif, et combien y en a-t-il ? — Qu'est-ce qu'un temps dérivé ?

99. Qu'est-ce que le radical d'un verbe ? — sa terminaison ? — Comment trouve-t-on le radical des verbes de la première conjugaison ?

100. Comment conjugue-t-on un verbe, lorsqu'on en connaît le radical ?

101. Quelle remarque fait-on sur les verbes en *cer*, en *ger* ?

102. Quelle remarque fait-on sur *lever* et les autres verbes semblables ? — sur les verbes en *eler*, en *eter*, en *éer*, en *éger* ?

103. Quelle remarque fait-on sur les verbes en *yer* ?

104, 105. Qu'est-ce qu'un verbe irrégulier ? — défectueux ?

106. Quelle remarque à faire sur les composés d'un verbe irrégulier ?

107. Quel est le radical du verbe *finir* ?

108. Que faire pour conjuguer un verbe ?

109. Quelle remarque fait-on sur *cueillir*, *offrir*, etc. ?

110. Quelle remarque fait-on sur les verbes en *dre*, en *indre* et en *soudre*, etc. ?

111. Donnez le tableau des terminaisons des quatre conjugaisons actives.

112. Qu'y a-t-il à observer sur l'orthographe des verbes ?

113. Quelle remarque fait-on sur le mode infinitif ?

ART. III. — VERBE PASSIF.

114. Le verbe passif est *celui qui exprime une action faite par le complément direct et reçue par le sujet.* C'est le contraire du verbe actif, dans lequel le sujet fait l'action, et le complément direct la reçoit. Ainsi, quand on dit, avec l'actif : *Le maître* INSTRUIT *l'élève,* le sujet *le maître* fait l'action *d'instruire,* et le complément direct *l'élève* la reçoit. Au contraire, on dira, avec le passif : *L'élève* EST INSTRUIT *par le maître* ; le sujet *l'élève* reçoit l'action, et le complément direct, *le maître,* la fait.

Il faut remarquer que le complément direct du verbe passif est toujours précédé de la proposition *par* ou *de.*

Il peut arriver que le complément du verbe passif soit sous-entendu, comme quand on dit : *Les orgueilleux sont détestés,* c'est-à-dire *les orgueilleux sont détestés* PAR LES AUTRES HOMMES.

115. A proprement parler, il n'y a point de conjugaison passive en français ; car, pour former un sens passif, on est obligé d'employer le verbe *être* dans tous ses temps, en y ajoutant le participe passé passif du verbe que l'on veut conjuguer. Ainsi, ce qu'on appelle verbe passif est plutôt une *expression verbale passive* qu'un véritable verbe.

MODÈLE DE CONJUGAISON D'UN VERBE PASSIF.

MODE INDICATIF.

PRÉSENT.

Je suis récompensé.
Tu es récompensé.
Il est récompensé.
Nous sommes récompensés.
Vous êtes récompensés.
Ils sont récompensés.

IMPARFAIT.

J'étais récompensé.
Tu étais récompensé.
Il était récompensé.
Nous étions récompensés.
Vous étiez récompensés.
Ils étaient récompensés.

PASSÉ DÉFINI.

Je fus récompensé.
Tu fus récompensé.
Il fut récompensé.
Nous fûmes récompensés.
Vous fûtes récompensés.
Ils furent récompensés.

PASSÉ INDÉFINI.

J'ai été récompensé.
Tu as été récompensé.
Il a été récompensé.
Nous avons été récompensés
Vous avez été récompensés.
Ils ont été récompensés.

PASSÉ ANTÉRIEUR.

J'eus été récompensé.
Tu eus été récompensé.
Il eut été récompensé.
Nous eûmes été récompensés
Vous eûtes été récompensés.
Ils eurent été récompensés.

PLUS-QUE-PARFAIT.

J'avais été récompensé.
Tu avais été récompensé.
Il avait été récompensé.
Nous avions été récompensés
Vous aviez été récompensés.
Ils avaient été récompensés.

FUTUR ABSOLU.

Je serai récompensé.
Tu seras récompensé.
Il sera récompensé.
Nous serons récompensés.
Vous serez récompensés.
Ils seront récompensés.

FUTUR PASSÉ.

J'aurai été récompensé.
Tu auras été récompensé.
Il aura été récompensé.
N. aurons été récompensés.
Vous aurez été récompensés
Ils auront été récompensés.

MODE CONDITIONNEL.

PRÉSENT ET FUTUR.

Je serais récompensé.
Tu serais récompensé.
Il serait récompensé.
Nous serions récompensés.
Vous seriez récompensés.
Ils seraient récompensés.

1ᵉʳ PASSÉ.	**2ᵉ PASSÉ.**
'aurais été récompensé.	J'eusse été récompensé.
'u aurais été récompensé.	Tu eusses été récompensé.
l'aurait été récompensé.	Il eût été récompensé.
Jous aurions été récompensés.	Nous eussions été récompensés
Jous auriez été récompensés	Vous eussiez été récompensés.
ls auraient été récompensés.	Ils eussent été récompensés.

MODE IMPÉRATIF.

Sujet toujours sous-entendu, et point de 1re personne au singulier.

PRÉSENT ET FUTUR.	
iois récompensé.	Soyons récompensés.
Qu'il soit récompensé.)	Soyez récompensés.
	(Qu'ils soient récompensés.)

MODE SUBJONCTIF.

Toujours précédé de la conjonction *que*.

PRÉSENT ET FUTUR.	**PASSÉ.**
Que je sois récompensé.	*Que* j'aie été récompensé.
Que tu sois récompensé.	*Que* tu aies été récompensé.
*Qu'*il soit récompensé.	*Qu'*il ait été récompensé.
Que nous soyons récompensés.	*Que* nous ayons été récompensés.
Que vous soyez récompensés.	*Que* vous ayez été récompensés.
*Qu'*ils soient récompensés.	*Qu'*ils aient été récompensés.

(On désirera)

IMPARFAIT.	**PLUS-QUE-PARFAIT.**
Que je fusse récompensé.	*Que* j'eusse été récompensé.
Que tu fusses récompensé.	*Que* tu eusses été récompensé.
*Qu'*il fût récompensé.	*Qu'*il eût été récompensé.
Que nous fussions récompensés	*Que* n. eussions été récompensés.
Que vous fussiez récompensés.	*Que* vous eussiez été récompensés.
*Qu'*ils fussent récompensés.	*Qu'*ils eussent été récompensés.

(On désirerait)

MODE INFINITIF.

PRÉSENT ET FUTUR.	**PASSÉ.**
Être récompensé.	Avoir été récompensé.

PARTICIPES.

Ayant été récompensé.

PARTICIPE PRÉSENT.

Étant récompensé.

PARTICIPE FUTUR.

PARTICIPE PASSÉ.

Récompensé, ée.

Devant être récompensé.

Remarques sur le verbe passif.

116. 1° Puisque le verbe passif n'est qu'un actif renversé, il s'ensuit que tout verbe actif peut être tourné par le passif, en faisant du sujet le complément et du complément le sujet. Ainsi la phrase : *Le chat* MANGE *la souris*, où le verbe *mange* est actif, se tournera par le passif, en disant : *La souris* EST MANGÉE *par le chat.*

117. 2° Dans le verbe passif, le participe n'est qu'une sorte d'adjectif qui se rapporte au sujet du verbe, et qui doit, par conséquent, s'accorder avec ce sujet : voilà pourquoi il prend une s quand le verbe est au pluriel. De même, si le sujet était féminin, il faudrait mettre le participe au féminin. Exemple : *Elle est récompensé*E, *elles sont récompensé*ES.

Art. IV. — Verbe neutre.

118. Le verbe neutre est *celui après lequel on ne peut pas mettre quelqu'un ou quelque chose.* Il ne peut pas avoir de complément direct : les compléments de ce verbe sont toujours indirects ou circonstanciels. C'est ainsi que *marcher* est un verbe neutre, parce qu'on ne peut pas dire *marcher* QUELQU'UN, *marcher* QUELQUE CHOSE ; il en est de même de *tomber, obéir* (1), etc. Le nom de *neutre*, qui veut dire *ni l'un ni l'autre*, a été donné à ce verbe, parce qu'il n'est ni actif ni passif.

(1) On a fait la remarque que, par une bizarrerie assez étrange, le verbe neutre *obéir* peut s'employer passivement. On dit : *être obéi, je suis obéi.*

119. On sait que les verbes actifs se conjuguent avec *avoir*, et les passifs avec être ; quant aux verbes neutres, il y en a qui prennent *avoir* et d'autres qui prennent *être* ; mais un bon nombre prennent tantôt *avoir* et tantôt *être*, selon le sens dans lequel ils sont employés. (C'est ce qu'on verra dans la deuxième partie.)

Les verbes neutres qui prennent *avoir* se conjuguent exactement comme les verbes actifs. Pour ceux qui prennent *être*, voici le modèle de leur conjugaison dans les temps composés ; les temps simples se conjuguent comme ceux des verbes actifs.

MODÈLE D'UN VERBE NEUTRE QUI PREND *ÊTRE*.

MODE INDICATIF.

PRÉSENT.

J'arriv e, etc.

IMPARFAIT.

J'arriv ais, etc.

PASSÉ DÉFINI.

J'arriv ai, etc.

PASSÉ INDÉFINI.

Je suis arrivé.
Tu es arrivé.
Il est arrivé.
Nous sommes arrivés.
Vous êtes arrivés.
Ils sont arrivés.

PASSÉ ANTÉRIEUR.

Je fus arrivé.
Tu fus arrivé.
Il fut arrivé.
Nous fûmes arrivés.
Vous fûtes arrivés.
Ils furent arrivés.

PLUS-QUE-PARFAIT.

J'étais arrivé.
Tu étais arrivé.
Il était arrivé.
Nous étions arrivés.
Vous étiez arrivés.
Ils étaient arrivés.

FUTUR ABSOLU.

J'arriv erai, etc.

FUTUR PASSÉ.

Je serai arrivé.
Tu seras arrivé.
Il sera arrivé.
Nous serons arrivés.
Vous serez arrivés.
Ils seront arrivés.

MODE CONDITIONNEL.

PRÉSENT ET FUTUR.

J'arriv erais, etc.

1er PASSÉ.

Je serais arrivé.
Tu serais arrivé.
Il serait arrivé.
Nous serions arrivés.

Vous seriez arrivés.
Ils seraient arrivés.

2e PASSÉ.

Je fusse arrivé.
Tu fusses arrivé.
Il fût arrivé.
Nous fussions arrivés.
Vous fussiez arrivés.
Ils fussent arrivés.

MODE IMPÉRATIF.

PRÉSENT ET FUTUR.
Arriv e, etc.

FUTUR PASSÉ.
Sois arrivé.

(*Qu*'il soit arrivé.)
Soyons arrivés.
Soyez arrivés.
(*Qu*'ils soient arrivés.)

MODE SUBJONCTIF.

PRÉSENT ET FUTUR.

Il faut | *Que* j'arriv e, etc.

IMPARFAIT.

Il faudrait | *Que* j'arriv asse, etc.

PASSÉ.

Il faut { *Que* je sois arrivé. / *Que* tu sois arrivé. / *Qu*'il soit arrivé.

Il faut { *Que* nous soyons arrivés / *Que* vous soyez arrivés. / *Qu*'ils soient arrivés.

PLUS-QUE-PARFAIT.

Il faudrait { *Que* je fusse arrivé. / *Que* tu fusses arrivé. / *Qu*'il fût arrivé. / *Que* nous fussions arrivés / *Que* vous fussiez arrivés. / *Qu*'ils fussent arrivés.

MODE INFINITIF.

PRÉSENT ET FUTUR.
Arriv er.

PASSÉ.
Être arrivé.

PARTICIPES.

PARTICIPE PRÉSENT.
Arriv ant.

Étant arrivé.

PARTICIPE PASSÉ.
Arrivé.

PARTICIPE FUTUR.
Devant arriver.

Remarques sur le verbe neutre.

120. 1° On a vu que, dans les verbes neutres qui se conjuguent avec *être*, le participe est, ainsi que dans les verbes passifs, une sorte d'adjectif qui s'accorde avec le sujet.

2° On sait que le complément du verbe neutre, étant toujours indirect, est toujours précédé d'une préposition ; mais si ce complément est un nom de temps, la préposition est ordinairement sous-entendue ; c'est ainsi qu'on dit : *Il arrivera la semaine prochaine,* pour *il arrivera* DANS OU PENDANT *la semaine prochaine.* — *Je partirai le jour que vous arriverez,* c'est-à-dire *je partirai* DANS *le jour* DANS *lequel vous arriverez.* Souvent aussi on sous-entend la préposition devant le complément d'un verbe neutre, lorsque ce complément est un nom verbal. Exemple: *Il est allé dîner,* c'est-à-dire *il est allé* POUR *dîner.*

121. Quelquefois, le nom qui suit le verbe neutre est un attribut du sujet ; comme *Louis de Gonzague devint* LE MODÈLE *de ses condisciples.* Le nom *modèle* est l'attribut de *Louis.*

Actif pour neutre et neutre pour actif.

122. 1° Il peut arriver qu'un verbe actif soit employé comme neutre, c'est-à-dire sans complément direct. Exemple : *Cette fenêtre* DONNE *sur la campagne.*

2° D'un autre côté, des verbes ordinairement neutres peuvent être employés comme actifs, et prennent un complément direct. Exemple : *Il* PARLE *le latin aussi facilement que le français.*

ART. V. — VERBE PRONOMINAL.

123. Le verbe pronominal est *celui dont le complément est un pronom qui désigne le même être que le sujet.* Par exemple, dans cette phrase : *L'enfant qui cherche son bonheur dans la paresse* SE TROMPE, c'est-à-dire *trompe soi* ; le verbe *tromper* a pour complément *se*, qui désigne le même être que le sujet *l'enfant* : c'est un verbe pronominal. Dans cette autre phrase : *Je* ME FAIS *un plaisir d'être utile*, c'est-à-dire *je fais* A MOI *un plaisir*, le verbe *je fais* a pour un de ses compléments le pronom ME, qui désigne le même être que le sujet *je* ; c'est encore un verbe pronominal.

124. Les verbes pronominaux se divisent en *accidentels* et en *essentiels.*

Les pronominaux accidentels sont des verbes actifs ou neutres qui ont été rendus pronominaux, et qui ne le sont donc qu'accidentellement. C'est ainsi que du verbe actif *tromper*, on fait le verbe pronominal *se tromper, je me trompe*; du verbe neutre *plaire* on fait le verbe pronominal *se plaire, je me plais.* On reconnaît qu'un verbe pronominal est accidentel, lorsqu'il ne cesse pas d'être français après qu'on lui a ôté le pronom complément.

Les pronominaux essentiels sont ceux qui sont pronominaux de leur nature, et qui, par conséquent, ne peuvent pas être employés autrement. On les reconnaît aisément, en ce qu'en leur ôtant le pronom complément, ils cessent d'être français.

Ainsi, *s'abstenir, s'opiniâtrer*, sont des verbes pronominaux essentiels, parce qu'on ne peut pas dire *abstenir, opiniâtrer.*

Il est nécessaire de savoir reconnaître quand un verbe pronominal est accidentel ou essentiel, pour l'application des règles du participe.

CONJUGAISON D'UN VERBE PRONOMINAL.

Les formations sont les mêmes que dans les verbes actifs.

MODE INDICATIF.

PRÉSENT.

Je me flatt e.
Tu te flatt es.
Il se flatt e.
Nous nous flatt ons.
Vous vous flatt ez.
Ils se flatt ent.

IMPARFAIT.

Je me flatt ais.
Tu te flatt ais.
Il se flatt ait.
Nous nous flatt ions.
Vous vous flatt iez.
Ils se flatt aient.

PASSÉ DÉFINI.

Je me flatt ai.
Tu te flatt as.
Il se flatt a.
Nous nous flatt âmes.
Vous vous flatt âtes.
Ils se flatt èrent.

PASSÉ INDÉFINI.

Je me suis flatté.
Tu t'es flatté.
Il s'est flatté.
Nous nous sommes flattés.
Vous vous êtes flattés.
Ils se sont flattés.

PASSÉ ANTÉRIEUR.

Je me fus flatté.
Tu te fus flatté.
Il se fut flatté.
Nous nous fûmes flattés.
Vous vous fûtes flattés.
Ils se furent flattés.

PLUS-QUE-PARFAIT.

Je m'étais flatté.
Tu t'étais flatté.
Il s'était flatté.
Nous nous étions flattés.
Vous vous étiez flattés.
Ils s'étaient flattés.

FUTUR ABSOLU.

Je me flatt erai.
Tu te flatt eras.
Il se flatt era.
Nous nous flatt erons.
Vous vous flatt erez.
Ils se flatt eront.

FUTUR PASSÉ.

Je me serai flatté.
Tu te seras flatté.
Il se sera flatté.
Nous nous serons flattés.
Vous vous serez flattés.
Ils se seront flattés.

MODE CONDITIONNEL.

PRÉSENT ET FUTUR.

Je me flatt erais.
Tu te flatt erais.
Il se flatt erait.
Nous nous flatt erions.
Vous vous flatt eriez.
Ils se flatt eraient.

1er PASSÉ.

Je me serais flatté.
Tu te serais flatté.

Il se serait flatté
Nous nous serions flattés.
Vous vous seriez flattés.
Il se seraient flattés.

2e PASSÉ.

Je me fusse flatté.
Tu te fusses flatté.
Il se fût flatté.
Nous nous fussions flattés.
Vous vous fussiez flattés.
Ils se fussent flattés.

MODE IMPÉRATIF (1).

PRÉSENT ET FUTUR.

Flatte-toi.
(*Qu'*il se flatte.)

Flattons-nous.
Flattez-vous.
(*Qu'*ils se flattent.)

MODE SUBJONCTIF.

PRÉSENT ET FUTUR.

Il ne faut pas
Que je me flatt e.
Que tu te flatt es.
*Qu'*il se flatt e.
Que nous nous flatt ions.
Que vous vous flatt iez.
*Qu'*ils se flatt ent.

PASSÉ.

Il ne faut pas
Que je me sois flatté.
Que tu te sois flatté.
*Qu'*il se soit flatté.
Que nous nous soyons flattés.
Que vous vous soyez flattés.
*Qu'*ils se soient flattés.

IMPARFAIT.

Il ne faudrait pas
Que je me flatt asse.
Que tu te flatt asses.
*Qu'*il se flatt ât.
Que nous nous flatt assions.
Que vous vous flatt assiez.
*Qu'*ils se flatt assent.

PLUS-QUE-PARFAIT.

Il ne faudrait pas
Que je me fusse flatté.
Que tu te fusses flatté.
*Qu'*il se fût flatté.
Que nous nous fussions flattés.
Que vous vous fussiez flattés.
*Qu'*ils se fussent flattés.

MODE INFINITIF.

PRÉSENT ET FUTUR.

Se flatter.

PASSÉ.

S'être flatté.

(1) Les verbes pronominaux n'ont pas de *futur passé* à l'impératif.

PARTICIPES.

<table>
<tr><td>PARTICIPE PRÉSENT.</td><td>PARTICIPE FUTUR.</td></tr>
<tr><td>Se flatt ant.</td><td>Devant se flatter.</td></tr>
</table>

PARTICIPE PASSÉ.

S'étant flatté.

Sur *se flatter*, conjuguez pour exercice :

S'ennuyer, s'arroger, se racheter, ne pas se contraindre, se combattre, se comprendre, ne pas se craindre.

Remarques sur le verbe pronominal.

125. 1° On a vu qu'à l'exception du pronom complément, les temps simples du verbe pronominal ressemblent à ceux du verbe actif. Quant aux temps composés, ils prennent toujours l'auxiliaire *être*.

2° Il ne faut pas croire que l'infinitif et les participes ne prennent jamais pour complément que le pronom *se*; ils s'emploient aussi avec les pronoms des autres personnes. C'est ainsi qu'on dit : *Je ne veux pas* ME *flatter; tu ne veux pas* TE *flatter; nous ne voulons pas* NOUS *flatter; en* NOUS *flattant, nous nous ferions tort,* etc.

Il arrive quelquefois qu'à l'infinitif on sous-entend le pronom ; comme : *Je l'en ferai* REPENTIR ; *il ne me laissa pas* AGENOUILLER ; c'est-à-dire *je l'en ferai* SE REPENTIR ; *il ne me laissa pas* M'AGENOUILLER.

3° Dans le verbe pronominal, l'auxiliaire *être* tient la place de l'auxiliaire *avoir*. En effet, lorsqu'on dit : *Je me* SUIS *flatté*, c'est comme si l'on disait *j'*AI *flatté moi*.

4° Observez que certains verbes ont la forme de

verbes pronominaux, qui cependant ne sont que des verbes neutres, c'est-à-dire qui n'ont qu'un sens neutre, comme : *Il se meurt, il s'en va, il s'en vient.* Ces verbes n'expriment pas une action du sujet sur lui-même, et ne signifient pas autre chose que : *Il meurt, il part, il vient.*

5° Enfin, il peut arriver que le pronom complément, au lieu d'être joint au verbe pronominal, se trouve avec un verbe placé devant. Exemple : *Nul ne* SE *peut assurer d'un seul jour de vie,* c'est-à-dire *nul ne peut s'assurer d'un seul jour de vie.*

ART. VI. — VERBE UNIPERSONNEL.

126. Le verbe unipersonnel est *celui qui ne s'emploie qu'à la troisième personne du singulier.* Son nom d'unipersonnel lui vient de ce qu'il n'a qu'une personne.

On connaît qu'un verbe est unipersonnel lorsque le pronom *il* ne peut pas se remplacer par un nom, qu'il ne tient la place d'aucun nom. Dans cette phrase : IL GRÊLE *plus en été qu'en hiver,* le mot *il* ne peut se remplacer par aucun nom ; *il grêle* est donc un verbe unipersonnel. Il en est de même quand on dit : IL EST *nécessaire de réfléchir avant de parler.*

Il y a deux sortes de verbes unipersonnels : les *propres* et les *impropres.*

Les unipersonnels propres sont ceux qui sont unipersonnels de leur nature, et qui ne peuvent pas s'employer autrement qu'unipersonnellement, comme *il faut, il résulte.*

Les unipersonnels impropres sont des verbes passifs, neutres, pronominaux, et même le verbe substantif, qu'on emploie d'une manière unipersonnelle. Ainsi, quand on dit : *Il est au ciel un Père pour les malheureux*, le verbe *être* a été employé unipersonnellement.

CONJUGAISON D'UN VERBE UNIPERSONNEL.

MODE INDICATIF.

PRÉSENT.	**PASSÉ ANTÉRIEUR.**
Il neige.	Il eut neigé.
IMPARFAIT.	**PLUS-QUE-PARFAIT.**
Il neigeait.	Il avait neigé.
PASSÉ DÉFINI.	**FUTUR ABSOLU.**
Il neigea.	Il neigera.
PASSÉ INDÉFINI.	**FUTUR PASSÉ.**
Il a neigé.	Il aura neigé.

MODE CONDITIONNEL.

PRÉSENT ET FUTUR.	**2ᵉ PASSÉ.**
Il neigerait.	Il eût neigé.
1ᵉʳ PASSÉ.	
Il aurait neigé.	

MODE IMPÉRATIF.

PRÉSENT ET FUTUR.	**FUTUR PASSÉ.**
(*Qu'il neige.*)	(*Qu'il ait neigé.*)

MODE SUBJONCTIF.

PRÉSENT ET FUTUR.	**IMPARFAIT.**
Qu'il neige.	*Qu'il neigeât.*

PASSÉ.	PLUS-QUE-PARFAIT.
Qu'il ait neigé.	*Qu'il* eût neigé.

MODE INFINITIF.

PRÉSENT ET FUTUR.	PASSÉ.
Neiger.	Avoir neigé.

PARTICIPES.

PARTICIPE PRÉSENT.	PARTICIPE . FUTUR .
Neigeant.	Devant neiger.
PARTICIPE PASSÉ.	
Ayant neigé.	

Remarques sur le verbe unipersonnel.

127. 1° Dans les verbes unipersonnels, le mot *il* n'est qu'un pronom vague, qui ne signifie rien par lui-même, et qui n'est que le *sujet apparent* du verbe, ou si l'on veut le pléonasme (1) du *sujet réel*. Le sujet réel est ordinairement après le verbe unipersonnel; c'est ou un nom, ou quelquefois même un membre de phrase. On le trouve aisément au moyen de la question *qui est-ce qui?* ou *qu'est-ce qui?* Exemple : IL SORTIT *du Vésuve un torrent de cendres brûlantes qui étouffèrent Pline.* — *Qu'est-ce qui* SORTIT? —*Un torrent;* le nom *torrent* est le sujet réel du verbe *il sortit.* IL EST *très-vrai que nos lumières sont fort bornées.* — *Qu'est-ce qui* EST *très-vrai?* — *Nos lumières sont fort bornées ;* la phrase *nos lumières sont fort bornées* est le sujet réel du verbe *est.*

(1) *Pléonasme* signifie *surabondance.* On dit qu'un mot est employé en pléonasme, lorsqu'il est comme de trop, qu'il ne sert qu'à en répéter un autre qui est déjà dans la phrase.

2° Parmi les verbes unipersonnels propres, il y en a un qui est digne de remarque : c'est *il y a*, *il y avait*, etc., qui est employé pour *il est, il existe*. Ce verbe est un véritable gallicisme.

3° Le sujet réel du verbe unipersonnel se présentant toujours sous la forme d'un complément, il s'ensuit que si ce sujet est un pronom relatif, ce sera un *que* au lieu d'un *qui*. Exemple : *On sait le grand froid qu'il* (QUE *il*) *a fait en mil sept cent neuf*. Le relatif *que* est le sujet réel de l'unipersonnel *il a fait*.

Comme tout verbe doit avoir un sujet, quand un verbe unipersonnel n'a point après lui de mots qui soient ce sujet réel, il faut alors que ce sujet se trouve, non dans les mots, mais dans la pensée.

Par exemple : *Il pleut* est pour *il tombe de la pluie;* le nom *pluie* est sujet. *Il gèle* est pour *il fait de la gelée;* le nom *gelée* est sujet.

Verbes unipersonnels à conjuguer pour exercices :

Il faut, il sied, il importe, il gèle, il ne pleut pas, il se fait.

VERBE CONJUGUÉ INTERROGATIVEMENT.

128. Comme il est nécessaire de savoir conjuguer un verbe interrogatif, nous avons cru devoir en mettre un ici.

Du reste, le verbe ne peut être interrogatif qu'à deux modes, à l'indicatif et au conditionnel.

MODE INDICATIF.

PRÉSENT.	
	Chante-t-il ?
	Chantons-nous ?
Chanté-je ?	Chantez-vous ?
Chantes-tu ?	Chantent-ils ?

IMPARFAIT.

Chantais-je ?
Chantais-tu ?
Chantait-il ?
Chantions-nous ?
Chantiez-vous ?
Chantaient-ils ?

PASSÉ DÉFINI.

Chantai-je ?
Chantas-tu ?
Chanta-t-il ?
Chantâmes-nous ?
Chantâtes-vous ?
Chantèrent-ils ?

PASSÉ INDÉFINI.

Ai-je chanté ?
As-tu chanté ?
A-t-il chanté ?
Avons-nous chanté ?
Avez-vous chanté ?
Ont-ils chanté ?

PASSÉ ANTÉRIEUR.

Eus-je chanté ?
Eus-tu chanté ?

Eut-il chanté ?
Eûmes-nous chanté ?
Eûtes-vous chanté ?
Eurent-ils chanté ?

PLUS-QUE-PARFAIT.

Avais-je chanté ?
Avais-tu chanté ?
Avait-il chanté ?
Avions-nous chanté ?
Aviez-vous chanté ?
Avaient-ils chanté ?

FUTUR ABSOLU.

Chanterai-je ?
Chanteras-tu ?
Chantera-t-il ?
Chanterons-nous ?
Chanterez-vous ?
Chanteront-ils ?

FUTUR PASSÉ.

Aurai-je chanté ?
Auras-tu chanté ?
Aura-t-il chanté ?
Aurons-nous chanté ?
Aurez-vous chanté ?
Auront-ils chanté ?

MODE CONDITIONNEL.

PRÉSENT ET FUTUR.

Chanterais-je ?
Chanterais-tu ?
Chanterait-il ?
Chanterions-nous ?
Chanteriez vous ?
Chanteraient-ils ?

1ᵉʳ PASSÉ.

Aurais-je chanté ?
Aurais-tu chanté ?

Aurait-il chanté ?
Aurions-nous chanté ?
Auriez-vous chanté ?
Auraient-ils chanté ?

2ᵉ PASSÉ.

Eussé-je chanté ?
Eusses-tu chanté ?
Eût-il chanté ?
Eussions-nous chanté ?
Eussiez-vous chanté ?
Eussent-ils chanté ?

Remarques sur le verbe interrogatif.

129. 1° Quand la première personne du singulier finit par une syllabe muette, l'*e* muet final se change en *e* fermé, afin que le pronom *je* n'ait pas devant lui une autre syllabe muette; ce qui serait trop sourd. Voilà pourquoi on a mis *chanté-je?* et non *chante-je?* *eussé-je?* et non *eusse-je?*

D'après ce principe, on ne rendra pas fermé l'*e* muet d'*appuie-je?* d'*emploie-je?* parce que la dernière syllabe de ces verbes n'est pas muette.

2° Dans les temps composés du verbe interrogatif, le sujet se place après l'auxiliaire, comme *ai-je chanté?*

3° Lorsque la troisième personne du singulier d'un verbe interrogatif finit par une voyelle, on met entre le verbe et le pronom *il, elle, ils, elles,* ou *on,* un *t* entre deux traits d'union. Exemple : *chante-t-il? chante-t-elle? chantera t-on?* Ce *t* est ce qu'on appelle une lettre euphonique, c'est-à-dire mise pour adoucir la prononciation.

4° Lorsque la première personne du présent de l'indicatif est un monosyllabe, comme *je lis, je rends, je l'aie,* on évite, autant que possible, de l'employer dans a forme interrogative, comme *lis-je? rends-je? paie-je?* ce qui est désagréable à l'oreille. On prend alors un autre tour. *Est-ce que je lis? est-ce que je rends? est-ce que je paie?* Toutefois, l'usage permet de dire: *Ai-je? dis-je? dois-je? fais-je? puis-je? suis-je? vais-je? vois-je?* et quelques autres.

130. *Remarque.* Un verbe peut aussi se conjuguer négativement. Exemple :

Je ne chante pas.	Ne chanté-je pas?
Tu ne chantes pas, etc.	Ne chantes-tu pas? etc.

Je n'ai pas chanté. | N'ai-je pas chanté?
Tu n'as pas chanté, etc. | N'as-tu pas chanté? etc.

Observation générale sur le présent et futur.

151. On a dû remarquer que, dans les modes *conditionnel, impératif, subjonctif* et *infinitif*, le premier *temps* porte tout à la fois le nom de *présent* et celui de *futur;* c'est qu'en effet cette forme sert également à exprimer le présent et l'avenir. Ainsi, on dit aussi bien : *Je chanterais, chante, qu'il chante, chanter,* DEMAIN, *que je chanterais, chante, que je chante, chanter,* MAINTENANT.

QUESTIONNAIRE.

114. Qu'est-ce que le verbe passif? — De quelle préposition est précédé le complément du verbe passif? — Ce complément est-il toujours exprimé?

115. Comment se conjugue le verbe passif?

116. Tout verbe actif a-t-il un passif, et comment le forme-t-on?

117. Pourquoi le participe d'un verbe passif s'accorde-t-il avec le sujet du verbe?

118. Qu'est-ce que le verbe neutre?

119. Quel est l'auxiliaire des verbes neutres?

120. Dans quels cas la préposition est-elle sous-entendue devant le complément des verbes neutres?

121. Le nom qui suit le verbe neutre en est-il toujours le complément indirect?

122. Montrez par des exemples qu'un verbe actif peut être employé comme neutre, et réciproquement.

123. Qu'est-ce que le verbe pronominal?

124. Combien y en a-t-il de sortes?

125. Quel est l'auxiliaire des verbes pronominaux? — Les infinitifs et les participes des verbes pronominaux ont-ils toujours se pour complément? — Quel devrait être

rigoureusement l'auxiliaire des verbes pronominaux ? — Doit-on regarder comme pronominaux tous les verbes qui se présentent sous cette forme ? — Le pronom complément est-il toujours joint au verbe pronominal ?

126. Qu'est-ce que le verbe unipersonnel ? — Combien y en a-t-il de sortes ?

127. De quoi tient la place le pronom *il* devant **un** verbe unipersonnel ? — Quelle remarque faites-vous sur *il y a ? il y avait ?* — Quel est le sujet réel des verbes unipersonnels ?

128. Comment conjugue-t-on un verbe interrogativement ?

129. Quelles remarques fait-on sur les verbes interrogatifs ?

130. Qu'est-ce que conjuguer un verbe négativement ?

131. Quelle observation fait-on sur le présent et futur ?

CHAPITRE VI.

PARTICIPE.

132. Le participe est *un mot qui tient de la nature du verbe et de celle de l'adjectif.* Il tient de la nature du verbe en ce qu'il exprime une action ou un état, et de celle de l'adjectif, en ce qu'il qualifie le nom. Exemple : *Un enfant* CHÉRISSANT *ses parents* ; le mot *chérissant* exprime une *action* de l'enfant, et il qualifie le nom *enfant* : c'est un participe. *Un élève* CHÉRI *de ses maîtres* ; le mot *chéri* exprime un *état* de l'élève, et il qualifie le nom *élève* : c'est donc encore un participe.

133. Il n'y a réellement en français que deux participes, le *présent* ou *actif*, comme *chantant, finissant,* et le *passé* (1) ou *passif*, comme *chanté, fini.* Ce qu'on

___

(1) Le participe passé exprime souvent aussi le présent ; par

appelle *participe futur* étant composé de deux mots, n'est pas, à proprement parler, un participe.

PARTICIPE PRÉSENT.

134. Le participe présent, toujours terminé en *ant*, exprime une action ou un état présent relativement à une autre époque passée, présente ou future. Exemple :

$$\text{En ÉTUDIANT, cet enfant} \left\{ \begin{array}{l} s'est\ instruit. \\ s'instruit. \\ s'instruira. \end{array} \right.$$

Règle du participe présent.

135. Le participe présent est invariable, c'est-à-dire qu'il ne change pas d'orthographe. Exemple : *Un homme* TRAVAILLANT, *une femme* TRAVAILLANT, *des hommes* TRAVAILLANT, *des femmes* TRAVAILLANT.

Observations.

136. 1° Toutefois, il ne faut pas confondre avec le participe présent certains adjectifs verbaux, c'est-à-dire qui viennent des verbes, lesquels ressemblent parfaitement aux participes.

On distingue le participe de l'adjectif verbal, en ce que le participe n'exprime qu'une action ou qu'un état *momentané*, tandis que l'adjectif verbal exprime une qualité *permanente*. Par exemple : *Des enfants* CARESSANT *leur mère* ; le mot *caressant* exprime une action momentanée, c'est un participe; aussi on l'a écrit invariable. *Des enfants* CARESSANTS *et dociles*; le mot *caressants* exprime une qualité permanente, c'est un adjectif, aussi on l'a fait accorder.

exemple, dans ces mots : *Un enfant obéissant est aimé de tout le monde*, le participe *aimé* marque le présent.

Si le mot en *ant* avait un complément direct, ou s'il était accompagné de *ne, ne.... pas,* *en,* il serait évidemment participe.

2° Il y a quelques adjectifs ordinaires qui se prononcent exactement comme les participes présents de certains verbes, quoiqu'ils s'écrivent bien différemment. Exemple :

ADJECTIFS.	PARTICIPES.	ADJECTIFS.	PARTICIPES.
Différent.	*Différant.*	*Fatigant.*	*Fatiguant.*
Excellent.	*Excellant.*	*Négligent.*	*Négligeant.*
Fabricant.	*Fabriquant.*	*Résident.*	*Résidant.*

PARTICIPE PASSÉ.

137. Le participe passé est ainsi appelé parce qu'il exprime ordinairement une idée de passé. Il y a deux règles concernant le participe passé.

Première règle du participe passé.

138. Le participe passé, employé sans auxiliaire ou joint au verbe *être,* s'accorde avec le nom ou le pronom auquel il se rapporte.

Exemples.

1° *Une leçon bien* APPRISE. Le participe *apprise* n'est joint à aucun auxiliaire ; on l'a fait accorder avec *leçon,* auquel il se rapporte.

2° *La vérité est* ADMIRÉE *même des menteurs.* Le participe *admirée* est joint à l'auxiliaire *être* ; on l'a fait accorder avec *vérité,* auquel il se rapporte.

3° *Ils sont* ARRIVÉS *de bonne heure.* Le participe *arrivés* est joint au verbe *être* ; on l'a fait accorder avec *ils,* auquel il se rapporte.

Seconde règle du participe passé.

159. Le participe passé joint au verbe *avoir* s'accorde avec son complément direct, s'il en est précédé.

Exemples.

1° *Les livres que nous avons* LUS. Le participe *lus*, étant joint à l'auxiliaire *avoir*, doit s'accorder avec son complément direct. Pour le trouver, je dis : Nous avons lu *quoi* ? — *Que* (*lesquels livres*). Le complément précède le participe ; il y a accord.

2° *Ces arbres je les ai* PLANTÉS. Le participe *plantés* est joint à *avoir* ; j'en cherche le complément direct. — J'ai planté *quoi* ? — *Les* (*les arbres*). Le complément précède le participe ; accord.

3° *On nous a* CRUS *fort instruits.* Le participe *crus* est joint à *avoir*. — On a cru *qui* ? — *Nous.* Le complément précède ; accord.

4° *La leçon qu'on nous a* DONNÉE *à apprendre.* Le participe est joint à *avoir.* — On a donné *quoi* ? — *Que* (*laquelle leçon*). Le complément précède ; accord.

5° *La langue allemande, qu'il a longtemps* PARLÉE. (Le verbe *parler*, naturellement neutre, est ici employé comme actif). Le participe *parlée* est joint à *avoir.* — Il a parlé *quoi* ? — *Que* (*laquelle langue*). Le complément précède ; accord.

6° *Les deux heures que nous avons* MARCHÉ. *Marché* étant verbe neutre, ne peut avoir de complément directe ; conséquemment, point d'accord.

Ainsi, dans les verbes neutres qui se conjuguent avec *avoir*, le participe ne s'accorde jamais.

Remarquez, à cette occasion, que, pour l'accord du participe, on est convenu de regarder comme actifs les trois verbes *coûter, valoir* et *peser*, qui cependant, employés dans leur sens propre, semblent être neutres. On écrit donc avec accord : *Les sommes que cette maison a* COUTÉES ; *les mille francs qu'a* VALUS *ce tableau ; les trois cents livres qu'a* PESÉES *ce sanglier.*

7° *Que de belles choses nous avons* VUES ! — Nous avons vu quoi ? — *Que ou combien de belles choses.* Le complément précède ; accord.

8° *On nous a* COMMANDÉ *d'être attentifs.* — On a commandé quoi ? — *D'être attentifs.* Le complément ne précède pas ; point d'accord.

9° *Dieu donne sa grâce à tous, ainsi qu'il l'a* PROMIS. — Il a promis quoi ? — *Le (cela).* Le complément précède ; accord.

10° *Cette lettre, je l'ai eu* ÉCRITE *en moins d'un quart d'heure.*— J'ai eu écrit quoi ?— *La (cette lettre).* Le complément précède ; accord.

11° *Cette lettre, je l'ai* EUE *écrite de la main même du roi.* (Ici, ce n'est pas le verbe *écrire*, mais le verbe *avoir*). — J'ai eu quoi ? — *Cette lettre,* qui était écrite de la main même du roi. Le complément précède ; accord.

12° *Vos parents, qu'on a* DIT *être contents de vous.* — On a dit quoi ? — *Être contents,* qu'ils sont contents. Le complément ne précède pas ; point d'accord.

13° *Moins ils ont* EU *de force, plus ils ont* EMPLOYÉ *d'adresse.* — Ils ont eu quoi ? — *Moins (de force).* Le complément précède ; accord. — Ils ont employé quoi ? — *Plus (d'adresse).* Le complément précède ; accord. *Moins, plus,* ainsi que tous les adverbes, étant invariables, on laisse le participe au masculin singulier.

14° *Les chagrins qu'il a* EUS *à souffrir.* — Il a eu *quoi?* — *Que (lesquels chagrins).* Le complément précède ; accord (1). (Voir la deuxième Partie).

Trouver aisément comment s'écrit le participe au masculin singulier.

139 *bis.* Pour trouver aisément comment s'écrit un participe au masculin singulier, il suffit de le mettre au féminin et d'en retrancher l'*e* muet final ; ce qui restera sera le masculin. Ainsi, *fini* doit se terminer par un *i*, parce qu'au féminin on dit *fini*E ; *compris*, par une *s*, parce qu'au féminin on dit *compris*E, et *instruit*, par un *t*, parce qu'au féminin on dit *instruit*E, etc.

QUESTIONNAIRE.

132. Qu'est-ce que le participe!

133. Combien y a-t-il de participes en français?

134 Qu'est-ce que le participe présent ?

135. Quelle est la règle du participe présent ?

136. Comment distingue-t-on le participe présent de l'adjectif verbal ?

137. Qu'est-ce que le participe passé ?

138, 139. Comment s'accorde le participe passé accompagné de l'auxiliaire *être*? de l'auxiliaire *avoir*?

139 *bis.* Comment trouve-t-on la manière d'écrire le participe au masculin singulier ?

(1) Dans ce dernier exemple, quelques grammairiens font le *que* complément du verbe qui suit le participe : *Il a* EU *à souffrir que (lesquels chagrins)* ; par là, le participe n'est pas précédé, et il n'y a point d'accord. Mais leur avis est contraire à l'usage suivi par le plus grand nombre des écrivains.

CHAPITRE VII.

ADVERBE.

140. L'adverbe est *un mot invariable qui circons-tancie le verbe, l'adjectif ou l'adverbe lui-même.* Exemple : *Il agit* PRUDEMMENT ; le mot *prudemment* circonstancie le verbe *il agit*, il exprime une circonstance de l'action ; c'est un adverbe. *Il est* TRÈS-*laborieux* ; le mot *très* exprime une circonstance de l'adjectif *laborieux*, il indique que la qualité de *laborieux* est portée à un bien haut degré ; c'est aussi un adverbe. *Il a répondu* FORT *sagement* ; le mot *fort* circonstancie l'adverbe *sagement* ; c'est encore un adverbe.

Son nom d'adverbe lui vient de ce que le plus souvent il est joint au verbe.

141. Il y a plusieurs adjectifs qui s'emploient quelquefois comme adverbes. C'est ainsi qu'on dit : *Chanter* JUSTE. *parler* HAUT, pour *chanter* JUSTEMENT, *parler* HAUTEMENT.

142. — Parmi les adverbes, les uns expriment une circonstance de *temps*, comme *hier, demain, bientôt*, etc. ; d'autres, une circonstance de *lieu*, comme *ici, loin, contre*, etc.; d'autres, une circonstance de *manière*, comme *adroitement, lentement*, etc.; d'autres, une circonstance de *quantité*, comme *assez, combien, beaucoup*, etc.

Subdivisions des principaux adverbes.

1° Adverbes de temps : *alors, aujourd'hui, aussitôt, autrefois, bientôt, cependant* (signifiant *pendant*

*cela) continuellement, déjà, demain, dorénavant, hier,
jamais, longtemps, maintenant, quelquefois, tantôt,
tôt, tard, toujours, tout de suite, plus tôt.*

2° Adverbes de lieu et de situation : *ailleurs, alentour, auprès, dedans, dehors, devant, derrière, dessus,
dessous, ici, là, loin, où, partout, proche, y.*

3° Adverbes de rang et d'ordre : *avant, après, auparavant, ensuite, ensemble, de front, de suite, devant,
premièrement, secondement, etc., tout de suite, pêle-
mêle, successivement.*

4° Adverbes de quantité et de comparaison : *abon-
damment, assez, aussi, (signifiant autant), autant,
ainsi, bien, beaucoup, combien, davantage, encore, environ, guère, mieux, moins, pis, peu, plus, plutôt,
quelque que, si, tout, tant, très, trop.*

5° Adverbes de manière et de qualité : *ainsi, autrement, bien, comme, lentement, prudemment, sagement, tout-à-coup, tout d'un coup, vite,* enfin presque
tous les adverbes terminés en *ment.*

6° Adverbes d'affirmation, de négation et de doute :
*certes, sans doute, oui, vraiment, volontiers, soit, d'ac-
cord, non, ne, peut-être.*

7° Adverbes d'interrogation : *combien, où, quand,
comment, pourquoi, etc.*

Remarques sur l'adverbe.

143. 1° Plusieurs placent parmi les adverbes les
mots *voici* et *voilà* ; mais il vaut mieux les donner
pour ce qu'ils sont réellement, pour une abréviation
de l'impératif *vois,* suivi de *ci* et *là.* Le mot qui suit
voici, voilà, est dans la réalité le complément du verbe
vois.

2° Si deux ou plusieurs mots font les fonctions d'un
adverbe, comme *à dessein, de nouveau, en général,*

ne... pas, ne... point, c'est une locution ou une expression adverbiale.

3° *Que* est adverbe lorsqu'il n'est ni pronom relatif, ni conjonction, il tient alors la place ou de *combien,* comme QUE *Dieu est grand !* c'est-à-dire COMBIEN *Dieu est grand !* ou de *si ce n'est,* comme *A qui puis-je m'adresser* QU'A *vous !* c'est-à-dire SI CE N'est *à vous ;* ou enfin de *pourquoi,* comme QUE *ne parliez-vous ?* c'est-à-dire POURQUOI *ne parliez-vous pas !* Il faut remarquer aussi que *ne... que* forme une expression adverbiale qui a le sens de *seulement.* Exemple : *Je* NE *veux le voir* QU'*un instant,* c'est-à-dire *je veux le voir* SEULEMENT *un instant.*

4° *Si* n'est adverbe que lorsqu'il est mis pour *tellement ;* autrement il est conjonction.

5° Il y a deux adverbes qui, seuls et par eux-mêmes expriment un comparatif ; ce sont *mieux* pour *plus bien,* et *pis* pour *plus mal.*

6° L'adverbe, formant par lui-même un sens complet, ne prend jamais de complément. On trouve cependant certains adverbes qui, au premier coup d'œil, semblent en avoir un, comme *antérieurement à* MOÏSE, *auprès de* VOUS, *loin des* MÉCHANTS, etc.; mais c'est que, dans ces cas-là, ils ont cessé d'être des adverbes, pour former avec la préposition qui suit une expression prépositive ; de sorte que le nom qui vient après n'est pas le complément de l'adverbe, mais le complément de l'expression prépositive.

De même, lorsque les adverbes de quantité prennent un complément, comme *beaucoup d'*EAU, *peu de* VIN, etc., ces adverbes cessent alors d'être adverbes, et deviennent de véritables noms. En effet, ils remplissent toujours alors dans la phrase les fonctions d'un nom, puisqu'ils sont ou sujets, ou compléments, ou attributs, ou employés en apostrophe.

CHAPITRE VIII.

PRÉPOSITION.

144. La préposition est *un mot invariable qui exprime le rapport entre deux mots.* Quand je dis : *Le bonheur de la vertu,* le mot *de* exprime le rapport entre les deux mots *bonheur* et *vertu* ; c'est une préposition. Le mot qui suit une préposition est toujours un nom ou un pronom.

145. La préposition ne forme jamais par elle-même un sens complet. Si je dis : *J'ai lu* DANS......, la préposition *dans* a besoin d'un mot après elle pour présenter un sens. Or, ce mot qui complète le sens de la préposition s'appelle son complément. *J'ai lu* DANS *un livre* ; le nom *livre* est complément de la préposition *dans.*

Plus exactement, le nom qui suit la préposition est complément indirect du mot précédent avec lequel il est en rapport. Ainsi, dans *Je travaille* POUR *le ciel,* le nom *ciel* est complément indirect du verbe *travaille.*

146. Ce qui distingue la préposition de l'adverbe, c'est que la préposition exige toujours un nom après elle, tandis que l'adverbe n'en exige jamais.

Néanmoins, quelquefois le complément de la préposition est sous-entendu ; comme *passez* DEVANT, *j'irai* APRÈS, pour *passez* DEVANT *moi, j'irai* APRÈS *vous.*

Subdivisions des principales prépositions.

1° Les prépositions qui s'emploient le plus souvent

avec des noms de lieu sont : *à, auprès, autour, chez, au-dessus, dessous, jusque, parmi, près, par, proche, sous, sur, vers, à travers, au travers, vis-à-vis.*

2° Celles qui marquent le temps sont : *durant, pendant.*

3° Celles qui marquent le lieu et le temps, sont : *dans, dès, en, depuis, vers.*

4° Celles qui marquent l'ordre sont : *avant, après devant, derrière, entre, depuis, à côté, parmi.*

5° Celles qui marquent l'union, sont : *avec, autre.*

6° Celles qui marquent le but, sont : *envers, touchant, pour.*

7° Celles qui marquent la séparation, sont : *excepté, hors, hormis, sans, sauf.*

8° Celles qui marquent l'opposition, sont : *contre, malgré, nonobstant.*

Parmi les prépositions, on distingue encore : *attendu, supposé, selon, suivant.*

Deux ou plusieurs mots qui font l'office d'une préposition s'appellent *une locution* ou *une expression prépositive ;* comme *à l'égard de, en faveur de, loin de, postérieurement à, quant à,* etc.

CHAPITRE IX.

CONJONCTION.

147. La conjonction est *un mot invariable qui unit deux membres d'une phrase.* Lorsqu'on dit : *Nous serions heureux... nous le voulions ;* il y a deux parties de phrase, mais qui ne sont point liées ; mettant entre elles le mot *si*, j'ai : *Nous serions heureux* si *nous le voulions* ; le mot *si* a lié les deux parties de phrase : c'est une conjonction.

148. Souvent on trouve une conjonction au commencement d'une phrase, et alors il semble qu'elle ne lie pas deux membres, mais c'est que la phrase est renversée ; comme quand on dit : Puisqu'*il se repent, on lui pardonne*, c'est pour *on lui pardonne* puisqu'*il se repent* ; ou bien encore c'est qu'il y a un membre de phrase sous-entendu. Exemple : Que *Dieu vous comble de ses faveurs* ! c'est-à-dire *je souhaite* que *Dieu vous comble de ses faveurs* !

Subdivisions des principales conjonctions.

1° Les conjonctions copulatives, c'est-à-dire qui ne servent qu'à lier les idées : *et, aussi*, pour assembler deux termes sous une même affirmation ; *ni, non plus*, pour les assembler sous une même négation.

2° Les conjonctions alternatives, c'est-à-dire qui marquent dictinction : *ou, ou bien, soit, soit que.*

3° Les conjonctions adversatives, c'est-à-dire qui marquent différence, opposition : *mais, cependant, néanmoins, pourtant, toutefois, bien que, quoique.*

4° Les conjonctions restrictives, c'est-à-dire qui limitent le sens : *sinon, si ce n'est, si ce n'est que, quoique, encore que, à moins que, à moins de.*

5° Les conjonctions conditionnelles, c'est-à-dire qui expriment une condition : *si, quand, quand même, pourvu que, supposé que, au cas que, en cas que, bien entendu que, à la condition que, à la charge que, parce que.*

6° Les conjonctions causatives, c'est-à-dire qui

expriment la cause, la raison d'une chose : *afin que, parce que, puisque, car, de même que, comme, aussi, de peur de, de peur que.*

7° Les conjonctions conclusives, c'est-à-dire qui servent à tirer une conséquence d'une idée précédente : *donc, vu que, par conséquent, c'est pourquoi, ainsi.*

Remarque.

149. 1° *Que* n'est conjonction que lorsqu'il n'est ni pronom, ni adverbe.

2° Plusieurs conjonctions deviennent adverbes lorsqu'elles sont employées dans un autre sens que celui indiqué ci-dessus. Par exemple, *ainsi* est adverbe quand il signifie *de la même manière* ; *cependant* est adverbe quand il signifie *pendant ce temps*, etc.

3° Deux ou plusieurs mots qui font l'office d'une conjonction s'appellent *locution* ou *expression conjonctive.* Les principales locutions conjonctives sont : *à moins que, avant que, bien que, en cas que, de crainte que, encore que, jusqu'à ce que, parce que, pourvu que, pour que, sans que, soit que, supposé que.*

Conjonction QUE après le comparatif.

150. Nous avons vu qu'après le comparatif se trouve toujours la conjonction *que.* Cette conjonction sert à unir les deux objets que l'on compare.

Le verbe qui est avant le *que* est toujours sous-entendu après ; de sorte que le nom qui suit le *que* est ou sujet, ou complément de ce verbe sous-entendu. Exemple : *Le serin chante mieux* QUE *la linotte*, c'est-à-dire QUE *la linotte* ne CHANTE. *La rose est plus belle* QUE *la tulipe*, c'est-à-dire QUE *la tulipe* N'EST *belle.*

CHAPITRE X.

INTERJECTION.

151. L'interjection, ou exclamation, est un invariable qui exprime les sentiments vifs ou for l'âme.

Les principales interjections sont :
Pour la joie : *ah !*
Pour la douleur : *ah ! eh ! aie ! holà !*
Pour l'étonnement : *ha !*
Pour appeler : *hé ! ho! hola !*
Pour encourager : *ça! courage! allons !*
Pour l'aversion : *fi !*
Pour le silence : *chut ! paix !*

Lorsqu'une interjection a plus d'un mot, on l'pelle *locution* ou *expression interjective ;* comme bien ! hé quoi ! paix donc !

QUESTIONNAIRE.

140. Qu'est-ce que l'adverbe ?
141. L'adjectif ne peut-il pas s'employer comme verbe ?
142. Qu'expriment les adverbes ? Comment les vise-t-on ?
143. Quelles sont les remarques sur les adverbes ?
144. Qu'est-ce que la préposition ?
145. La préposition forme-t-elle un sens complet ?
146. Qu'est-ce qui distingue la préposition de l verbe ? — Comment divise-t-on les prépositions ?
147. Qu'est-ce que la conjonction ?
148. Qu'annonce une conjonction au commencem d'une phrase ? — Comment se subdivisent les conjonctions ?

99. Quand est-ce que le mot *que* est conjonction ?
100. Quelle est la conjonction qui unit les deux termes de comparaison ?
101. Qu'est-ce que l'interjection ?

CHAPITRE XI.

SIGNES ORTHOGRAPHIQUES.

252. Les signes orthographiques sont *certaines marques dont on se sert pour régler la prononciation, le repos*, etc. Ces signes sont : 1° les accents ; 2° l'apostrophe, la cédille, le tréma, la parenthèse, le trait d'union, le trait de séparation, les guillemets, le renvoi et l'accolade ; 3° la ponctuation ; 4° les majuscules.
(On ne traitera de la ponctuation que dans la sixième Partie.)

1. -- Des accents.

253. L'accent est *un signe qui indique avec quel son doit prononcer une voyelle.* Il y a trois accents : l'aigu (´), le *grave* (`) et le *circonflexe* (^).

ACCENT AIGU.

254. L'accent aigu ne se met que sur les *e* fermés, comme dans *gaieté, santé*, et encore ne se met-il pas sur tous. Ainsi, les *e* suivis d'un *d*, d'une *r* ou d'un *z* final, sont fermés, quoiqu'ils n'aient point d'accent (1), comme *piEd, lauriEr, chantEr, lisEz*.

(1) Il y a cependant plusieurs mots dont l'*e*, suivi d'une *r* finale,

Remarquez que les mots en *ège* ne prennent jamais que l'accent aigu sur l'avant-dernier *e*, quoique cet *e* se prononce presque ouvert ; on écrit donc *collège, il protège*.

ACCENT GRAVE.

155. 1° L'accent grave se met sur la plupart des *e* ouverts. Nous disons la plupart, parce qu'il y en a un assez grand nombre qui se marquent d'un accent circonflexe ; il y en a même quelques-uns qui ne prennent aucun accent, comme dans les mots *amer, cher, fer*, etc., *guerres terre*, etc. Devant une double consonne et devant la lettre *x*, l'*e* ne prend jamais d'accent.

2° L'accent grave se met encore sur *à* et *dès* prépositions ; sur *çà, là* et *où* adverbes ; enfin, sur *deçà, déjà, holà* et *voilà*.

ACCENT CIRCONFLEXE.

156. L'accent circonflexe est plutôt le signe du retranchement d'une lettre qu'un véritable accent ; mais comme le retranchement d'une lettre produit toujours sur la voyelle qui précède un son grave et prolongé, on s'est habitué à regarder ce signe de retranchement comme un accent, c'est-à-dire comme un signe de prononciation. La lettre retranchée est presque toujours une *s*, comme *appât, fête, épître*, pour *appast, feste, épistre* ; c'est aussi quelquefois un *a*, comme *âge*, pour *aage* ; ou un *e*, comme *gaîté*, pour *gaieté* ; ou un *u*, comme *piqûre*, pour *piquure*.

157. Il y a dans les verbes cinq personnes qui

---

n'est pas fermé, mais ouvert ; ce sont : *amer, cher, enfer, fer, fier, hier, mer, ver*, et il y a en un dont l'*e* est demi-ouvert, c'est *cahier*.

prennent l'accent circonflexe ; 1° la première personne plurielle du passé défini, *nous chantâmes, nous lûmes* ; 2° la deuxième personne plurielle du même temps, *vous chantâtes, vous lûtes* ; 3° la troisième personne du singulier du passé du conditionnel, *il eût chanté, il eût lu* ; 4° la troisième personne du singulier de l'imparfait du subjonctif, *qu'il chantât, qu'il lût* ; 5° la troisième personne du singulier du plus-que-parfait du subjonctif, *qu'il eût chanté, qu'il eût lu.*

On met encore l'accent circonflexe sur *crû, dû, redû* et *mû*, participes des verbes *croître, devoir, redevoir, mouvoir,* mais seulement au singulier masculin.

Enfin, on met l'accent circonflexe sur la syllabe *aî* et *oî* des verbes en *aître* et en *oître*, comme *paraître* et *croître*, chaque fois que cette syllabe est suivie d'un *t*, parce que, autrefois, il y avait toujours une *s* avant ce *t*. On écrit donc *il connaît, il croîtra.*

158. Remarquez que, outre cela, le verbe *croître* prend l'accent circonflexe sur l'*i* ou sur l'*u* partout où il ressemble au verbe *croire*, pour empêcher qu'on ne les confonde. C'est pour cela qu'on écrit : *Je croîs, tu croîs, il croît ; je crûs, tu crûs, il crût.* Cependant, par une bizarrerie, il ne prend pas l'accent à l'imparfait du subjonctif *que je crusse, que tu crusses,* quoique à ce temps il ressemble au verbe *croire.*

II. — Apostrophe, cédille, parenthèse, trait d'union, trait de séparation, guillemets, trait de renvoi, accolade.

APOSTROPHE.

159. L'apostrophe est *une petite figure en forme de virgule (') qui se met à la place d'une lettre retran-*

chée par élision. Il faut avoir soin de laisser à l'endroit où se met l'apostrophe l'espace de la lettre retranchée. Il n'y a que l'*a*, l'*e* et l'*i* qui puissent ainsi se retrancher.

160. L'*a* se retranche dans *la* article et pronom, lorsque le mot suivant commence par une voyelle ou une *h* muette. Exemple : *L'amitié* pour *la* amitié ; *je l'honore*, pour je *la* honore.

161. L'*e* se retranche :

1° Dans les neuf mots : *je, me, te, se, le, ce, que, de, ne*, quand ils se trouvent devant une voyelle ou une *h* muette ; comme *j'arrive, il m'entend*, etc.

2° Dans *lorsque, puisque, quoique*, placés devant *il, elle, ils, elles, on, un, une* ; comme *lorsqu'il chante, puisqu'on croit*.

3° Dans *entre* et *presque*, mais seulement lorsqu'ils servent à composer un mot ; comme *entr'aider, presqu'île*.

4° Dans *quelque*, mais seulement aux mots *quelqu'un, quelqu'une*.

5° Dans l'adjectif féminin *grande*, aux mots suivants, où l'adjectif ne forme plus qu'un seul mot avec le nom : *grand'chambre* (du palais), *grand'chère, grand'chose, grand'croix* (de la Légion d'honneur, etc.), *grand'mère, grand'salle* (du palais), *grand'tante*.

Quand à l'*i*, il ne se retranche que dans le mot *si*, et seulement lorsqu'il est suivi de *il* ou *ils*, comme *s'il arrive*.

CÉDILLE.

162. La cédille est *une petite figure en forme de c renversé* (,)*, qui se met sous le c suivi d'un a, d'un o ou d'un u, quand on veut donner à cette lettre le son doux qu'elle a devant l'e ou l'i*. Exemple : *Façade, leçon, reçu*.

TRÉMA.

163. Le tréma est *un double point* (¨), *que l'on met sur une voyelle, quand on veut qu'elle se prononce séparément d'une autre voyelle qui la précède*, comme dans *haïr*, où le tréma fait prononcer l'*i* séparément de l'*a*, de manière à former deux syllabes, *ha ïr*.

164. Quelquefois le tréma sépare une voyelle d'une autre voyelle qui la suit, comme dans *ïambe*, où le tréma fait faire une syllabe de l'*i*, *ï ambe*.

165. Les adjectifs qui finissent par *gu*, comme *aigu*, prennent un tréma sur l'*e* muet du féminin, *aiguë*, afin que cet *e* ne forme pas une syllabe avec l'*u* et qu'on ne prononce pas *gue* comme dans *fatiGUE*.

C'est par le même motif qu'on met un tréma sur l'*e* de *ciguë* et *besaiguë* (1).

Remarquez que, quoiqu'on écrive *poëte*, *poëme* avec un tréma, on ne met qu'un accent aigu sur *poésie*, *poétique*, etc.

PARENTHÈSE.

166. La parenthèse est *une figure composée de deux arcs opposés l'un à l'autre* ( ), *entre lesquels on renferme une phrase explicative et, en quelque sorte détachée*. Exemple :

> Un mal qui répand la terreur,
> Mal que le Ciel en sa fureur
> Inventa pour punir les crimes de la terre,
> La peste (puisqu'il faut l'appeler par son nom),
> Capable d'enrichir un jour l'Achéron,
> Faisait aux animaux la guerre.   (Lafontaine.)

(1) Par le même motif, ne serait-il pas à propos de mettre un tréma sur l'*e* qui suit l'*u* dans le verbe *arguer*, où l'*u* se prononce séparément et forme à lui seul une syllabe?

TRAIT D'UNION.

167. Le trait d'union est *une petite ligne horizontale (-) qui sert le plus ordinairement à unir deux ou plusieurs mots en un seul.* Exemple : *Tout-Puissant, arc-en-ciel.*

168. Outre cet usage, le trait d'union s'emploie encore :

1° Pour joindre au verbe les pronoms personnels, sujets ou compléments, quand ils sont après. Exemple : *Donnez-*MOI, *prêtez-*LE-LUI, *promenons-*NOUS.

Les pronoms, *on, en, y, ce,* suivent la même règle. Exemples : *Que dit-*ON? *prenez-*EN ; *est-*CE *lui? portes-*EN *à ton frère ; vas-*Y (1) ; *va-*T'*en* (2).

Puisqu'on ne réunit au verbe par un trait d'union que le pronom complément, on n'en mettra point dans *envoyez le chercher,* parce que le pronom *le* n'est pas complément d'*envoyez,* mais de *chercher ;* au contraire, on en mettra un dans *envoyez-le chercher son livre,* parce que *le* est complément d'*envoyez.*

2° On met aussi le trait d'union avant et après le *t* euphonique, comme on l'a déjà dit. Exemple: *chante-t-il bien?*

3° On le met aussi entre *ci* ou *là* et le nom, le pronom ou l'adverbe qu'ils accompagnent. Exemple: CI-*contre ;* LA-*haut ; jusque-*LA ; *cet homme-*CI ; *celui-*LA.

______

(1) Remarquez que l's placée à la fin de l'impératif *portes* est une lettre euphonique; il en est de même de celle qui est à la fin de *vas.*

(2) Remarquez aussi que le *t* dans *va-t'en* n'est pas le *t* euphonique, car dans ce cas on l'eût mis entre deux traits d'union ; c'est le pronom *te.*

4° On met encore le trait d'union entre les adjectifs *demi*, *mi*, *nu*, et le nom ou l'adjectif qui suit immédiatement ; comme *une* DEMI-*heure* ; *à* DEMI-*mort* ; *la* MI-*décembre* ; NU-*pieds*.

Entre certains adjectifs employés adverbialement et le mot qui suit ; comme COURT-*vêtu*, NOUVEAU-*né*, FRAIS-*cueilli*.

Entre le mot *vice* qui signifie *remplaçant*, et le nom suivant ; exemple : VICE-*roi*, VICE-*président*.

5° On met aussi le trait d'union entre l'adjectif *même* et le pronom personnel qui précède ; exemple : *lui*-MÊME, *eux*-MÊMES.

6° Entre l'adverbe *très* et l'adjectif ou l'adverbe qui suit ; exemple : TRÈS-*bon*, TRÈS-*bien*.

7° Enfin, d'après l'usage le plus général, on met le trait d'union entre les adjectifs numéraux, lorsqu'il ne s'y trouve pas la conjonction *et*, comme *dix-sept*, *trente-trois*, *quatre-vingt-dixième*. Mais les nombres *million*, *mille* et *cent* ne veulent jamais le trait d'union, ni avant, ni après eux.

TRAIT DE SÉPARATION.

169. Le trait de séparation se fait comme le trait d'union, seulement il est un peu plus allongé (—) ; *il sert à séparer, dans une conversation, les paroles des deux interlocuteurs.* Exemple :

Est-ce assez, dites-moi, n'y suis-je point encore?
—Nenni. — M'y voici donc ? — Point du tout. — M'y voilà?
— Vous n'en approchez point.   (Lafontaine.)

GUILLEMETS.

170. Les guillemets sont *un signe composé d'une double virgule* (»), *qui se place au commencement et à* la fin, ainsi qu'à la marge d'un discours cité, ou de paroles qu'on rapporte. Exemple :

Saint Jean ne pouvant plus, à cause de son grand âge, faire de longs discours, se contentait de dire à ses disciples : « Mes bien chers, aimez-vous les uns « les autres, c'est le commandement du Maître ; si « vous l'accomplissez, il suffit. »

TRAIT DE RENVOI.

171. Le trait de renvoi est *une sorte de trait d'union (-) qui sert à réunir les deux parties d'un mot coupé par la fin de la ligne.*

Il faut avoir soin de ne jamais couper une syllabe par le trait de renvoi.

ACCOLADE.

172. L'accolade est *une sorte de crochet brisé à son milieu (‿‿‿) qui sert à embrasser plusieurs lignes ou plusieurs chiffres.* Elle se place ou verticalement ou horizontalement.

III. — Des majuscules.

173. On appelle *lettres majuscules ou grandes lettres* celles *qui sont plus grandes que les lettres ordinaires, et qui ont une forme différente.* Celles-ci, par opposition, prennent le nom de *minuscules.*

On met une majuscule :

1° Au commencement de chaque phrase. Cependant, si l'on avait plusieurs phrases interrogatives qui fussent compléments d'un même verbe, on ne leur mettrait point de majuscules. Exemple : *En ce jour, Catilina, dis-nous qu'elles furent tes pensées? quels projets tu formas? quelles mesures tu arrêtas dans ton esprit?*

Il en serait de même si l'on avait de suite plusieurs phrases exclamatives sur le même sujet. Exemple : *Tout ravit dans cet univers : quelles beautés dans les détails! quelle harmonie dans l'ensemble ! quelle perfection partout !*

2° On met aussi une grande lettre au commencement de chaque vers.

3° On en met une à tous les noms propres d'homme, de peuple, de religion, de secte, etc., comme *Noé, un Romain, les Mahométans, les Stoïciens.* On en met aux noms des choses personnifiées, c'est-à-dire des choses représentées comme une personne ; exemple : *Le Temps fuit et nous emporte avec lui.*

Mais si le nom de peuple, de religion, etc., était employé comme simple adjectif, accompagnant un substantif, il ne prendrait plus la majuscule : exemple : *l'empire romain; la religion mahométane ; un philosophe stoïcien.*

Lorsqu'un nom propre est composé de deux mots joints par un trait d'union, chacun de ces mots prend une majuscule ; exemple : *les Etats-Unis, les Pays-Bas, le Haut-Rhin.* S'il n'y a pas de trait d'union, on ne met la majuscule qu'à celui des deux mots qui caractérise l'objet, qui le fait distinguer de tout autre ; comme la *mer Rouge,* la *basse Normandie,* les *marais Pontins.*

4° On met aussi une majuscule aux mots employés pour honorer ; comme le *Souverain Pontife, la Sainte Ecriture, la Bible, les Pères Conscrits, Votre Excellence, M. le Préfet.*

5° Le nom *Dieu* prend toujours une grande lettre quand il s'agit du vrai Dieu. Il en est de même de tous les mots dont on se sert pour le désigner ;

comme *le Tout-Puissant, le Créateur, le Très-Haut, l'Éternel, le Ciel, le Roi des rois,* etc.

QUESTIONNAIRE.

152. Qu'appelle-t-on signes orthographiques, et quels sont ces signes?

153. Qu'est-ce que l'accent?

154. Qu'est-ce que l'accent aigu, et quel est son emploi? — 155. L'accent grave? — 156. L'accent circonflexe? — 159. L'apostrophe? — 162. La cédille? — 163. Le tréma? — 166. La parenthèse? — 167. Le trait d'union? — 169. Le trait de séparation? — 170. Les guillemets? — 171. Le trait de renvoi? — 172. L'accolade.

173. Quel est l'emploi des majuscules?

FIN DE LA PREMIÈRE PARTIE.

MANUEL
DE GRAMMAIRE FRANÇAISE.

DEUXIÈME PARTIE.

SYNTAXE.

174. Le mot *syntaxe* signifie *arrangement, construction*. La syntaxe est la partie de la grammaire qui traite des mots considérés dans leurs rapports avec d'autres mots, et de leurs fonctions dans la phrase.

Pour étudier utilement la syntaxe, il faut donc savoir reconnaître la nature des rapports qui unissent les mots et les propositions d'une phrase. C'est par l'analyse logique qu'on peut s'en rendre compte.

CHAPITRE Ier.

ANALYSE LOGIQUE.

Jusqu'ici nous n'avons considéré les mots qu'isolément et dans leur manière de s'écrire ; c'était *l'analyse grammaticale*. Mais si on les considérait comme exprimant des pensées et composant des phrases, ce serait *l'analyse logique*. Ainsi, l'analyse

grammaticale est *la connaissance des mots pris isolément et dans leur orthographe ;* et l'analyse logique,
*la connaissance des mots exprimant des pensées et for-
mant des phrases.*

Idée, jugement, proposition.

175. 1° Quand notre esprit reçoit ou perçoit un
objet, soit qu'il tombe sous les sens, comme *le soleil,
une maison, la blancheur,* soit qu'il ne tombe pas
sous les sens, comme l'âme, *la vertu, l'éternité,* cet
objet reçu dans l'esprit s'appelle *idée.* L'idée est donc
un objet perçu dans l'esprit. Si elle vient par les sens,
l'idée est appelée *sensible ;* si elle ne vient pas par
les sens, elle est appelée *intellectuelle* ou *morale.*

2° Lorsqu'on a deux idées dans l'esprit et qu'on
les compare, on voit qu'elles ont entre elles un *rapport* ou de ressemblance ou de différence ; or, ce
rapport entre deux idées, qui a été aperçu dans la
comparaison, se nomme *jugement.* Par exemple, j'ai
dans l'esprit l'idée de *Dieu* et l'idée de la *bonté ;*
comparant ces deux idées, je trouve qu'elles ont
entre elles un rapport de ressemblance, qu'elles
s'accordent entre elles, en un mot, je vois que DIEU
est BON. Cet aperçu, cette *perception* du rapport
qu'ont entre elles ces deux idées, est un *jugement.*
Le jugement est donc *la vue ou perception du rapport
entre deux idées.* Remarquez que, pour que cette
opération de l'esprit, cette *pensée* (1), porte le nom
de jugement, il faut qu'elle reste dans l'esprit
qu'elle ne se produise au dehors en aucune manière.

(1) On appelle *pensée,* toute opération de l'intelligence ; ou
plutôt la pensée est le produit des opérations de l'intelligence.

3° Enfin, si, par le langage, c'est-à-dire par la parole ou par tout autre moyen, je produis au dehors, je fais connaître le jugement qu'a formé mon esprit, ce jugement prend alors le nom de *proposition*. Par exemple, si, par la parole, par l'écriture, ou par tout autre signe, j'énonce que *Dieu est bon*, mon jugement est devenu une proposition. La proposition est donc *un jugement énoncé* (1).

Quelquefois la comparaison est moins positive, moins évidente ; comme quand je dis : *Que la prudence soit en vous. — Soyez prudent. — Avez-vous été prudent?* — Mais, pour être moins évidente, la comparaison n'en existe pas moins, puisqu'il y a deux objets dans l'esprit, *vous et la prudence*, et que l'esprit les rapproche l'un de l'autre, établit un rapport entre l'un et l'autre.

On doit donc poser en principe que, *chaque fois qu'il y a un verbe exprimé ou sous-entendu, il y a une proposition*. Nous avons dit un *verbe* et non pas un *nom verbal*, car un nom verbal n'établit pas une proposition.

Sujet, verbe, attribut.

176. Dans toute proposition il y a trois parties ou trois membres : *le sujet, le verbe* et *l'attribut*. C'est ce qu'on appelle aussi les trois *termes* de la proposition.

1° Le *sujet* est celui des deux objets comparés sur lequel on porte le jugement, avec lequel on voit que l'autre objet a un rapport. Ainsi, dans la proposition citée plus haut, c'est *Dieu* qui est le sujet.

2° L'*attribut* est celui des deux objets comparés

(1) Si de deux propositions on tire une conséquence, le tout s'appellera un *raisonnement*.

8

dont on a vu le rapport avec le sujet. Dans *Dieu est bon*, c'est *bon* ou la *bonté* qui est l'attribut de la proposition.

3° Le *verbe* est ce qui unit l'attribut au sujet, ce qui affirme que l'attribut a un rapport avec le sujet : c'est toujours le verbe *être*.

Logiquement parlant, il y a toujours affirmation, quand même le verbe est accompagné de *ne, ne... pas* ; comme quand on dit : *Dieu n'est pas injuste*, on affirme que l'*injustice* n'est pas en *Dieu*.

Quelquefois le verbe *être* est matériellement exprimé, comme dans cette proposition : *Le talent* EST *estimé;* mais ordinairement il est comme enveloppé dans un autre verbe. Ainsi, quand on dit : *Il chante*, c'est pour *il* EST *chantant ; il chanterait*, pour il SERAIT *chantant ; nous aurions lu*, pour *nous* AURIONS ÉTÉ *lisant*, etc. Dans l'analyse logique, chaque verbe doit donc se tourner par le verbe *être* suivi de son propre participe présent : ce participe est l'attribut même de la proposition. De là est venu qu'en logique on ne reconnaît que deux espèces de verbes, savoir : le *verbe substantif* et les *verbes attributifs*. On appelle attributifs tous les verbes autres que le verbe *être* ou substantif. On les appelle ainsi parce qu'ils renferment en eux-mêmes l'*attribut* de la proposition. On leur donne aussi le nom de verbes *adjectifs*, parce que cet attribut peut être considéré comme un adjectif du sujet.

Sujet simple ou composé. — Sujet incomplexe ou complexe.

177. Le sujet d'une proposition peut être *simple* ou *composé, incomplexe* ou *complexe*.

Le sujet simple est celui qui n'a qu'un seul substantif, comme : *L'*EXCÈS *en tout est un défaut.*—LES HOMMES *naissent sujets à beaucoup de souffrances.* — LES TIGRES DE L'INDE *sont les plus redoutables.* Le sujet composé est celui qui a plus d'un substantif, comme : LE TRAVAIL *et* LE SUCCÈS *sont frères.*—LES PLANÈTES *et* LES COMÈTES *sont des astres.*

Le sujet incomplexe est celui qui n'a aucun complément. Dans l'analyse logique, on appelle complément tous les mots, quels qu'ils soient, *nom, adjectif, adverbe* ou autres, qui ajoutent quelque chose à l'idée du sujet ou de l'attribut. Les propositions suivantes ont donc leur sujet incomplexe : *La* CIGALE *suppliait la fourmi.* — ADAM *et* ÈVE *sont les aïeux de tous les hommes.* Le sujet complexe est celui qui a un complément ; exemple : *Notre* BELLE FRANCE *est le plus riche pays du monde.*—*La* VALEUR DES GAULOIS *était connue des Romains.* Il faut observer que ni l'article, ni l'adjectif déterminatif ne forment un complément logique ; ainsi leur présence ne saurait rendre le sujet ou l'attribut complexe.

D'après ce qu'on vient de voir, on comprend qu'un sujet peut être en même temps simple et complexe, comme aussi il peut être tout à la fois composé et incomplexe.

Attribut simple ou composé. — Attribut incomplexe ou complexe.

178. De même que le sujet, l'attribut de la proposition peut être *simple ou composé, incomplexe ou complexe.*

On sait que l'attribut est toujours un participe ou adjectif, ou bien encore un substantif employé adjectivement. Or, l'attribut est simple lorsqu'il n'y a qu'un seul participe ou un seul adjectif. Exemple :

Les cerfs et les corbeaux vivent (sont VIVANT*) fort long-temps.* L'attribut est composé lorsqu'il y a plus d'un participe ou d'un adjectif. Exemple : *Le vrai mérite est* HUMBLE *et* MODESTE.

L'attribut incomplexe est celui qui n'a aucun complément, comme : *Le génie de l'homme est* BORNÉ. L'attribut complexe est celui qui a un complément, comme *Notre esprit* EST SUJET A L'ERREUR.

L'attribut peut donc être en même temps simple et complexe, composé et incomplexe.

Remarques sur le verbe.

179. Comme dans toute proposition le verbe est toujours le verbe *être*, et que le verbe *être* n'a jamais besoin de complément, il s'ensuit que le verbe, dans l'analyse logique, n'a jamais de complément ; seulement, il peut être accompagné de quelque adverbe ou de quelque locution adverbiale qui le circonstancie.

Des propositions.

180. Une proposition peut être considérée ou *isolément,* c'est-à-dire dans ce qu'elle est en elle-même, ou *relativement,* c'est-à-dire dans ce qu'elle est par rapport à d'autres propositions qui sont dans la même phrase.

I. *Propositions considérées isolément.*

181. Considérée isolément, la proposition peut être : 1° *simple* ou *composée,* 2° *incomplexe* ou *complexe,* 3° *entière, elliptique* ou *explétive,* 4° *explicite* ou *implicite,* 5° enfin *directe* ou *indirecte.*

1° La proposition simple est celle dont le sujet et l'attribut sont simples, comme : *Le* TRAVAIL *est* NÉCESSAIRE. La proposition composée est celle dont le sujet ou l'attribut, ou même tous les deux ensemble, sont composés, comme : *La* PARESSE *et la* GOURMANDISE *sont funestes. Le mensonge est* BAS *et* MÉPRISABLE.

2° La proposition incomplexe est celle dont le sujet et l'attribut sont incomplexes, comme : *Le* DÉSORDRE *et la* MALPROPRETÉ *sont des* VICES. La proposition complexe est celle dont le sujet ou l'attribut, ou même tous les deux ensemble, sont complexes, comme : *La vertu est la santé* DE L'AME. HAÏR LES HOMMES *est une* SOUFFRANCE POUR LE COEUR.

3° La proposition entière est celle dont chacun des membres est exprimé, comme : *Le ciel est brillant.* La proposition elliptique est celle dont un des membres est sous-entendu, comme : *Soyez heureux,* c'est-à-dire : *Vous, soyez heureux.* La proposition explétive, au contraire, est celle dont un des membres est répété par pléonasme, comme : MOI, *je suis heureux.*

4° La proposition explicite est celle dont chacun des membres forme un mot, comme : *Le* PAPILLON *est l'*IMAGE *de l'enfance.—Soyez* ATTENTIFS. Il est vrai que dans *soyez attentifs,* le sujet *vous* est sous-entendu ; mais, s'il était exprimé, il n'en formerait pas moins un mot. La proposition implicite est celle dont chacun des membres ne forme pas un mot, comme : *Les hiboux fuient la lumière.* Le verbe attributif *fuient* est pour *sont fuyant* ; le verbe et l'attribut ne forment pas chacun un mot.

De même, quand on dit : *oui, non, hélas !* fi !, etc., chacun de ces mots forme une proposition implicite. *Oui* est mis pour toute la proposition à laquelle on donne son consentement ; *non,* pour toute celle que l'on contredit ; *hélas !* est pour : *Que je suis souffrant !* ou toute autre expression de crainte, etc.

5° Enfin, la proposition directe est celle dont les membres sont arrangés dans l'ordre des idées, c'est-à-dire d'abord le sujet, puis le verbe, et, à la fin, l'attribut, comme : *L'amitié est un sentiment bien doux.* La proposition indirecte est celle dont les membres ne sont pas arrangés dans l'ordre des idées, comme : *Bien douce est l'amitié.*

II. *Propositions considérées relativement.*

182. Considérée relativement, c'est-à-dire d'après son emploi et son importance dans la phrase, la proposition est, 1° *principale* ou *secondaire;* 2° *incidente* ou *sous-incidente.*

Proposition principale et secondaire.

183. 1° La proposition principale est celle qui tient la première place dans l'esprit, qui ne dépend d'aucune autre, et de laquelle souvent d'autres dépendent.

2° La proposition secondaire est, au contraire, celle qui ne tient pas la première place dans l'esprit, mais qui dépend plus ou moins d'une autre.

Par exemple, quand on dit : *Si nous ne résistons à nos passions, elles nous domineront* ; la proposition, *elles nous domineront,* tient la première place dans l'esprit, c'est la principale; l'autre proposition, *si nous ne résistons pas à nos passions,* en dépend, c'est la secondaire.

174. Quelquefois il y a dans une phrase plus d'une principale ; dans ce cas, il y en a toujours une qui est plus importante : on l'appelle *principale absolue,* et les autres s'appellent *principales relatives.* Exemple : *Les harengs naissent sous les glaces du pôle ; parvenus à leur grosseur, ils se mettent en route par* milliards *dans toutes les directions, afin que tous les* pays puissent se *nourrir de leur chair.* La première absolue est, *les harengs naissent sous les glaces du pôle.* La proposition, *parvenus à leur grosseur, ils se mettent en route par milliards dans toutes les directions,* est principale relative. Enfin, celle-ci *afin que tous les pays puissent se nourrir de leur chair,* est une secondaire de la principale relative ; elle en dépend.

Proposition incidente et sous-incidente.

185. 1° La proposition incidente est celle qui *détermine* ou *explique* une autre proposition. Il y a donc deux sortes d'incidentes, l'incidente *déterminative* et l'incidente *explicative.* Exemples : *Le coupable qui se repent mérite indulgence.* La proposition, *qui se repent,* détermine l'autre proposition, elle indique une espèce particulière de coupable, c'est une incidente déterminative. *Le hasard, que les païens appelaient une divinité, n'est réellement rien.* La proposition, *que les païens appelaient une divinité,* ne fait qu'ajouter une explication au mot *hasard,* c'est une incidente explicative.

Il est facile de distinguer l'incidente déterminative de l'incidente explicative. La déterminative est nécessaire au sens de la proposition qu'elle détermine, et on ne pourrait la retrancher sans nuire à ce sens. Ainsi, dans l'exemple ci-dessus, si l'on disait seulement : *Le coupable mérite indulgence,* le sens ne serait plus le même. L'explicative, au contraire, n'est pas nécessaire au sens de celle dont elle dépend, et pourrait être retranchée sans qu'il en souffrît. Ainsi, quand on dirait : *Le hasard n'est réellement rien,* le sens ne serait pas changé.

Remarquez que les incidentes se rattachent toujours

aux propositions qu'elles déterminent ou qu'elles expliquent, par un pronom conjonctif.

2° Il n'est pas rare de trouver une incidente déterminée ou expliquée à son tour par une autre proposition qui en dépend ; celle-ci prend le nom de *sous-incidente*.

La sous-incidente est donc une incidente d'incidente ; elle est aussi ou déterminative, ou explicative. Exemple : *Admirez ces infatigables abeilles, qui pompent dans le calice de la fleur le miel que le Créateur y a déposé.* La proposition, *que le Créateur y a déposé*, est une incidente de la proposition *qui pompent dans le calice de la fleur*, qui est déjà elle-même une incidente ; c'est donc une sous-incidente.

Modèles d'analyse logique.

186. D'après ce qu'on vient de voir, on comprend qu'il y a toujours deux opérations à faire sur toute proposition : la première, sur chaque terme en particulier ; la seconde, sur la proposition en masse. Et même, s'il y a dans la phrase plus d'une proposition, il y a une troisième opération, celle d'indiquer l'importance et la fonction de chacune des propositions, si elles sont principales ou relatives, incidentes ou sous-incidentes ; c'est ce que l'on comprendra mieux par l'analyse de quelques phrases.

I.

La jeunesse est présomptueuse.

1re *Opération.*

La jeunesse.—Sujet simple et incomplexe.

Est.—Verbe.

Présomptueuse.—Attribut simple et incomplexe.

— 121 —

2e *Opération.*

La proposition est simple, incomplexe, entière, explicite et directe.

II.

La grotte de la déesse était sur le penchant d'une colline.
(FÉNELON.)

1er *Opération.*

La grotte.—Sujet simple et complexe.
De la déesse.—Complément du sujet.
Etait.—Verbe.
(Située.)—Attribut sous-entendu, simple et complexe.
Sur le penchant d'une colline. — Complément de l'attribut.

2e *Opération.*

La proposition est simple, complexe, elliptique, explicite et directe.

III.

Craignez la trompeuse volupté.—(FÉNELON.)

1re *Opération.*

(Vous.)—Sujet sous-entendu, simple et incomplexe.

Craignez. { *Soyez.*—Verbe.
{ *Craignant.*—Attribut simple et complexe.

La trompeuse volupté.—Complément de l'attribut.

2e *Opération.*

La proposition est simple, complexe, elliptique, implicite et directe.

IV.

Le naufrage et la mort sont moins funestes que les plaisirs qui attaquent la vertu. (FÉNELON.)

Première Proposition.

1ʳᵉ Opération.

Le naufrage et la mort.—Sujet composé et incomplexe.

Sont.—Verbe.

Moins funestes.—Attribut simple et complexe.

2ᵉ Opération.

La proposition est composée, complexe, entière, explicite et directe.

Deuxième Proposition.

1ʳᵉ Opération.

Que. — Les conjonctions lient les propositions; mais elles n'en font point partie.

Les plaisirs. — Sujet simple et incomplexe.

(Ne sont funestes.)—Verbe et attribut simple et incomplexe (*ne* idiotisme).

2ᵉ Opération.

La proposition est simple, incomplexe, elliptique, explicite et directe.

Troisième Proposition.

1ʳᵉ Opération.

Qui.—Sujet simple et incomplexe.

Attaquent. { *Sont.*—Verbe.
Attaquant. — Attribut simple, complexe.

La vertu.—Complément de l'attribut.

2ᵉ Opération.

La proposition est simple, complexe, entière, simple et directe.

3ᵉ Opération, sur la phrase entière.

La première proposition est la principale; la

deuxième est relative ; la troisième est incidente déterminative de la deuxième.

V.

Nul mortel ne peut entrer dans cette île sans être puni de sa témérité, et votre naufrage même ne vous garantirait pas de mon indignation, si d'ailleurs je ne vous estimais. (FÉNELON.)

Première Proposition.

1er *Opération.*

Nul mortel.—Sujet simple et complexe.

Ne.—Adverbe qui circonstancie le verbe.

Peut. { *Est.*—Verbe.
{ *Pouvant.*—Attribut simple et complexe.

Entrer dans cette île. — Complément de l'attribut.

Sans être puni de sa témérité.— Autre complément de l'attribut.

2e *Opération.*

La proposition est simple, complexe, entière, implicite et directe.

Deuxième Proposition.

1re *Opération.*

Et votre naufrage même.—Sujet simple et incomplexe.

Ne... pas. — Locution adverbiale, circonstancie le verbe.

Garantirait. { *Serait.*—Verbe.
{ *Garantissant.*—Attribut simple et complexe.

Vous.—Complément de l'attribut.

De mon indignation.—Autre complément de l'attribut.

2e *Opération.*

La proposition est simple, complexe, entière, implicite et directe.

Toisième Proposition.

1re *Opération.*

Si.—Conjonction.

D'ailleurs.—Adverbe, circonstancie le verbe.

Je.—Sujet simple et incomplexe.

Ne.—Adverbe, circonstancie le verbe.

Estimais. { *Etais.*—Verbe.

{ *Estimant.* — Attribut simple et complexe.

Vous.—Complément de l'attribut.

2e *Opération.*

La proposition est simple, complexe, entière, implicite et directe.

3e *Opération, sur la phrase entière.*

La première proposition est principale absolue ; la deuxième est principale relative ; la troisième est secondaire absolue.

Observation sur les sujets et les attributs composés.

187. On a vu que le sujet composé est celui qui renferme plus d'un nom, et que l'attribut composé est celui qui a plus d'un adjectif ou d'un participe ; d'un autre côté, on sait que des noms ou des adjectifs placés à la suite les uns des autres ont toujours entre eux une conjonction exprimée ou sous-entendue, Mais l'office de la conjonction étant d'unir deux membres de phrase, ou, ce qui est la même chose, deux propositions, il s'ensuit que chaque fois qu'il y a deux noms ou deux adjectifs, il y a réellement deux propositions. Par exemple, quand on dit : *La vertu* ET *le bonheur sont inséparables* ; c'est comme si l'on disait : *La vertu est inséparable du*

bonheur, ET *le bonheur est inséparable de la vertu.*
Dans cette autre phrase : *La candeur, la modestie* ET
la docilité sont les qualités de l'enfance ; la conjonction
et se trouve sous-entendue entre *candeur* et *modestie*
et c'est comme si l'on eût dit : *La candeur est la
qualité de l'enfance,* ET *la modestie est la qualité de
l'enfance,* ET *la docilité est la qualité de l'enfance.* —
La richesse NI *la grandeur ne rendent heureux,* est
pour: *La richesse ne rend pas heureux,* ET *la grandeur
NE rend pas heureux.* — De même, pour l'attribut,
si je dis : *Il est malade* OU *absent,* c'est pour : *Il est
malade* OU *il est absent.* — *Le mensonge n'est pas un
défaut,* MAIS *un vice,* est pour : *Le mensonge n'est pas
un défaut,* MAIS *il est un vice.*

De ce qu'on vient de lire, il faut conclure que, si
l'on voulait décomposer les sujets et les attributs
composés, ils formeraient autant de propositions
qu'il y a de substantifs dans le sujet et d'adjectifs
dans l'attribut; ce n'est donc que pour abréger qu'on
est convenu de n'en faire qu'un seul sujet ou un
seul attribut, sous le nom de *sujet composé* et *d'attribut composé.*

QUESTIONNAIRE.

174. Qu'est-ce que la syntaxe ? — Que faut-il savoir
pour l'étudier utilement ? — Sous quel point de vue l'analyse grammaticale considère-t-elle les mots ? — L'analyse
logique, comment les considère-t-elle ?

175. Qu'est-ce qu'une idée ? — Quand l'idée est-elle
sensible ? — intellectuelle ou morale ? — Qu'est-ce qu'un
jugement ? — une proposition ? — Quand y a-t-il une
proposition ?

176. Quelles sont les trois parties essentielles de la
proposition ? — Qu'est-ce que le sujet ? — l'attribut ? —
le verbe ?

177. Sous quelle forme le sujet d'une proposition peut-il se présenter? — 178. L'attribut?

179. Le verbe *être* peut-il avoir un complément?

180. Comment peut-on considérer une proposition?

181. Quelles sont les différentes formes sous lesquelles la proposition considérée isolément peut se présenter? — Qu'est-ce que la proposition simple? — la proposition incomplexe? — la proposition entière? — la proposition explicite? — la proposition directe?

182. Quelle dénomination prend la proposition considérée relativement?

183. Qu'est-ce que la proposition principale? — la proposition secondaire? — 184. La principale absolue? — la principale relative?

185. Qu'est-ce que la proposition incidente, et combien y en a-t-il d'espèces? — Qu'est-ce que la proposition sous-incidente?

186. Combien y a-t-il d'opérations à faire pour analyser une proposition?

187. Quelle observation à faire sur les sujets et les attributs composés?

CHAPITRE II.

NOM.

Sur le nombre de certains noms.

188. 1° Les noms propres d'homme ne prennent jamais la marque du pluriel, qu'ils soient ou non précédés de l'article. On écrit donc: *Les deux* CORNEILLE *sont nés à Rouen.*

Lorsqu'un nom propre a acquis une certaine célébrité, on le fait quelquefois précéder de l'article *les*, mais il n'en reste pas moins au singulier. Exemple :

Les BOSSUET, *les* FÉNELON, *les* RACINE *et les* BOILEAU *ont illustré le règne de Louis XIV.*

Toutefois, on écrit avec une s, quoique noms propres *les* HORACES *et les* CURIACES, *les* SCIPIONS *et les* GRACQUES, *les* BOURBONS *et les* CONDÉS, *les* STUARTS, etc., probablement parce que ces noms ont été si fréquemment répétés, qu'on a fini par les traiter comme des noms communs.

Si un nom propre était employé comme nom commun, il prendrait l's au pluriel. C'est ainsi qu'on a dit : *Un coup d'œil de Louis enfantait des* CORNEILLES. (Delille.) Le nom de *Corneilles* désigne ici des poëtes comparables à Corneille.

2° Ne prennent pas non plus la marque du pluriel certains mots invariables de leur nature, ni certaines petites phrases employées comme substantifs. Exemple : *Les* COMMENT *et les* POURQUOI *embrouillent les questions.* — *L'homme raisonnable se met au-dessus des* ON DIT *et des* QU'EN DIRA-T-ON. — *Plusieurs* PEU *font un* BEAUCOUP.

De même, les notes de musique et les adjectifs cardinaux ne prennent jamais d's. Exemple : *Les* MI *et les* RÉ. — *Deux* NEUF *et trois* CINQ. (*Vingt et cent sont exceptés, comme on le verra plus tard.*)

3° Quant aux noms tirés des langues étrangères, comme en passant dans notre langue ils sont devenus français, il est juste qu'ils prennent, de même que les noms français, la marque du pluriel, c'est-à-dire une s. On écrit donc : *Des accessits, des agendas, des albums, des déficits, des récépissés,* etc.

Nombre à employer après la préposition DE.

189. Lorsque deux noms sont unis par la préposition *de*, il est quelquefois difficile de savoir à quel nombre on doit mettre le second. Or, voici le principe suivi par les meilleurs grammairiens : *Si le second nom ne désigne qu'une seule classe d'êtres, sans qu'on ait l'intention de parler du nombre de ces êtres, on le met au singulier.* Exemple : *Des caprices d'*ENFANT; *des meubles de* NOYER. Ou bien encore, *si le second nom présente des êtres tellement confondus qu'on ne puisse plus les distinguer les uns des autres.* Exemple : *Une gelée de* GROSEILLE, *une marmelade de* POMME. Hors ces deux cas, le second nom se met toujours au pluriel. On écrira donc ·

Avec le second nom au sing.	*Avec le second nom au pluriel*
Une envie de MALADE.	Une troupe de MALADES.
Un marchand de VIN.	Un marchand de VINS fins.
Un colis d'ÉCREVISSE.	Un plat d'ÉCREVISSES.
De la gomme d'ARBRE.	Une allée d'ARBRES.

On dit avec le singulier: *Un hectolitre de* BLÉ, d'ORGE, d'AVOINE, etc., parce qu'on est dans l'usage de dire avec le singulier : *Du blé, de l'orge, de l'avoine;* mais il faut dire avec le pluriel: *Un hectolitre de* HARICOTS, *de* FÈVES, *de* LENTILLES, etc., parce que l'usage est de dire avec le pluriel : *Des haricots, des fèves, des lentilles.* Par la même raison, on dit, avec le singulier ; *Gruau* d'AVOINE, etc.; avec le pluriel : *Purée de* FÈVES, etc.

Toujours par le même motif, on dit avec le singulier: *Un pot de* BEURRE, et avec le pluriel : *Un pot de* CONFITURES.

On écrit indifféremment avec le singulier ou le pluriel : *Un dessert de* FRUIT ou *de* FRUITS ; *un panier de* RAISIN *ou de* RAISINS, parce qu'on dit indifféremment: *Du fruit ou des fruits, du raisin ou des raisins.* Cependant, s'il y avait des fruits et des raisins de plusieurs espèces, le pluriel serait indispensable.

Pluriel d'AÏEUL, CIEL, ŒIL et TRAVAIL.

190. Les quatre noms *aïeul, ciel, œil* et *travail,* ont deux pluriels, selon le sens dans lequels ils sont employés.

1° *Aïeul* fait au pluriel *aïeux*, s'il s'agit des ancêtres en général ; et *aïeuls*, si l'on veut désigner le grand-père paternel et le grand-père maternel.

2° *Ciel* fait *cieux*, si l'on veut parler du firmament ou du séjour des bienheureux ; mais on dit *des ciels de lit, des ciels de carrière,* c'est-à-dire les voûtes qui les recouvrent ; *des ciels de tableau,* c'est-à-dire les parties qui représentent le ciel. On dit encore : *Ce pays jouit d'un des plus beaux ciels,* c'est-à-dire *d'un des plus beaux climats.*

2° *OEil* fait toujours *yeux* au pluriel, excepté dans l'expression *des œils-de-bœuf,* c'est-à-dire de petites fenêtres rondes ou ovales.

4° Enfin, *travail* fait généralement au pluriel *travaux ;* mais on dit *des travails* en parlant des tâches que des commis, dans les bureaux, reçoivent de leur chef. On appelle aussi *des travails,* la machine qui sert à contenir les chevaux vicieux lorsqu'on les ferre.

Pluriel des noms composés.

191. On appelle *noms composés,* des noms formés de deux ou plusieurs mots réunis par des traits d'union, de manière à n'être plus regardés que comme un seul mot. Ces noms prennent ou ne prennent pas la marque du pluriel, selon que leur nature l'exige.

1° *Noms composés d'un substantif et d'un adjectif.* Si le nom est composé d'un substantif et d'un adjectif, tous les deux prennent la marque du pluriel. **Exemple :** *un coffre-fort, des coffres-forts ; une pie-grièche, des pies-grièches ; un rouge-gorge, des rouges-gorges.*

Par conséquent, le nom *terre-plein,* c'est-à-dire un rempart plein de terre, ne suivra pas cette règle, puisque l'adjectif ne qualifie pas le substantif ; on écrira *des terre-pleins.* Il en sera de même de *blanc-seing,* c'est-à-dire un seing, une signature sur un papier blanc ; on écrira *des blanc-seings.*

Si le substantif, au lieu d'être qualifié par un adjectif, l'était par un autre substantif, ce serait toujours la même règle, puisque cet autre substantif remplirait la fonction d'un adjectif ; tous deux prendraient la marque du pluriel. Exemple : *Un chou-fleur, des choux-fleurs ; un chef-lieu, des chefs-lieux.*

Mais la règle n'aurait pas lieu si l'un des deux substantifs ne qualifiait pas l'autre, comme dans *appui-main* (un *appui* pour la *main*) ; *chèvre-feuille* (une *feuille* qu'aime la *chèvre*); *hôtel-Dieu* (un *hôtel* de *Dieu*), et autres semblables. On écrira : des *appuis-main,* des *chèvres-feuille,* des *hôtels-Dieu.*

1° *Noms composés de deux substantifs unis par une préposition.* Si le nom est formé de deux substantifs unis par une préposition, il n'y a que le premier qui prenne la marque du pluriel ; encore faut-il pour cela qu'il renferme une idée de pluralité. On érira donc avec la marque du pluriel au premier des deux noms : *des chefs-d'œuvre, des arcs-en-ciel ;* et sans la marque du pluriel : *des pied-à-terre (des lieux où l'on pose le pied à terre) ; des tête-à-tête (des rencontres où l'on est* TÊTE *vis-à-vis* TÊTE).

3° *Noms composés d'un substantif joint à un verbe, à une préposition ou à un adverbe.* Lorsque le nom est composé d'un *substantif* joint à un *verbe,* ou à une *préposition*, ou à un *adverbe*, le substantif seul peut prendre la marque du pluriel. On écrira donc : *des porte-crayons, des après-dinées, des avant-coureurs.*

Et même, si ce substantif ne présentait pas une idée de pluralité, on ne lui donnerait pas le signe du pluriel, comme dans *des prie-Dieu (des chaises sur lesquelles on prie* Dieu*), des coupe-gorge (des lieux où l'on coupe la* Gorge*).*

4° *Noms composés de mots invariables.* Si le nom est tout composé de mots invariables, comme préposition, adverbe ou verbe, aucun d'eux ne prend la marque du pluriel. Exemple : *des ouï-dire, des passe-partout.*

Règle générale. De tout ce qu'on vient de dire sur les noms composés, on peut déduire cette règle générale : *Décomposez le nom, et écrivez-en chaque partie selon sa nature et son sens* (1).

Genre de certains noms.

192. Il y a des noms qui sont ou masculins ou féminins, selon le sens dans lequel ils sont employés, et quelquefois aussi selon le nombre auquel ils se trouvent.

Aigle. Ce nom est masculin, excepté dans le sens d'enseigne. *L'aigle est fier et* courageux. — *La Pologne avait l'aigle* blanche *dans ses armes.*

Délice. Ce mot est masculin au singulier, et féminin au pluriel. Exemple : *C'est* un délice ; *ce sont* mes plus chères délices.

Foudre. Pris dans son sens naturel, ce mot est

(1) Il faut avouer néanmoins que l'Académie écrit sans *s un essuie-main, un couvre-pied,* quoique les noms *main* et *pied* offrent une idée de pluriel. Cette bizarrerie vient sans doute du désir qu'on a eu de distinguer, en écrivant, le singulier du pluriel.

féminin. Exemple : LA FOUDRE *est* TOMBÉE *à dix pas d'ici*. Il est encore féminin quand on l'emploie dans le sens figuré. Exemple : LA FOUDRE *est dans ses yeux*.

Mais il est masculin quand il désigne soit des bouches à feu, soit un volcan, soit un guerrier terrible, soit les excommunications de l'Eglise, soit enfin l'arme de Jupiter.

GARDE. UN *garde national* est un individu de la garde nationale ; LA *garde nationale* est l'ensemble des gardes nationaux.

GENS. Ce mot veut au féminin les adjectifs qui le précèdent, et au masculin ceux qui le suivent. Exemple : *Les* VIEILLES *gens sont* PRUDENTS.

On met au masculin les adjectifs qui précèdent le nom *gens* :

1º Lorsque le mot *gens* tient évidemment la place du mot *hommes* ; comme : CERTAINS *gens de lettres* ; *d'*EXCELLENTS *gens d'affaires* ; TOUS *les gens de bien* ; *de* VRAIS *gens de cœur*. Il est facile de voir que, dans tous ces exemples, *gens* est mis pour *hommes*.

2º Lorsque l'adjectif qui précède immédiatement le mot *gens* a son féminin semblable au masculin, c'est-à-dire terminé par un *e* muet, comme : *HonnêtE, jeunE*, etc. Exemple : TOUS *les honnétES gens*, CERTAINS *jeunes gens*. Dans ces cas, l'adjectif qui précède immédiatement le mot *gens* aura paru à l'esprit être au masculin, ce qui aura fait mettre au masculin aussi l'autre adjectif.

HYMNE. Ce mot n'est féminin que lorsqu'il signifie un chant d'église. Exemple : *Les hymnes* BELLES *des Santeuil*. Partout ailleurs il est masculin.

OEUVRE. Ce mot est généralement féminin : mais on le fait ordinairement masculin lorsqu'il signifie un travail important, une grande entreprise ; comme quand on dit : LE GRAND *œuvre*, pour dire *la pierre philosophale.*

ORGE est toujours féminin, excepté dans *orge* MONDÉ, *orge* PERLÉ.

ORGUE est masculin au singulier, UN BEL *orgue*; et féminin au pluriel, *de* BELLES *orgues.* Cependant, pour éviter de mettre les deux genres à la fois sur le même mot, on dit : *C'est un des plus* BEAUX *orgues que j'aie* ENTENDUS.

PÂQUE, fête des Juifs, est féminin. Exemple : *Je viens faire* MA *pâque chez vous avec mes disciples.* Mais, fête des chrétiens, il est masculin. Exemple : *Pâque est* TARDIF *cette année*; toutefois, au pluriel, on le fait du féminin; exemple : *Ses pâques sont* FAITES.

PERSONNE. Ce mot est masculin lorsqu'il est pronom; exemple : *Personne n'est* CONTENT *de son sort*; et féminin lorsqu'il est substantif. Exemple : *Jésus-Christ est la* SECONDE *personne de la Sainte Trinité.*

QUELQUE CHOSE, s'il signifie *une chose* est masculin. Exemple : *Si je perds quelque chose, mon chien* LE *retrouve bientôt.* Mais s'il signifie *quelle que soit la chose,* il est féminin. Exemple : *Quelque chose que je lui aie* DITE, *il n'a jamais voulu me croire.*

AUTRE CHOSE, employé dans un sens indéterminé, est masculin. Exemple : *Avez-vous autre chose de* BON *à me donner ?*

Noms collectifs.

193. On appelle *collectifs* les noms qui, quoiqu'au singulier, présentent l'idée de plus d'un objet, comme : *Une foule, la plupart, une troupe.*

On distingue deux sortes de noms collectifs, les collectifs *généraux* et les collectifs *partitifs.* Les collectifs généraux sont ceux qui embrassent la totalité des objets dont on parle, comme *l'ensemble, l'univer-*

salité, la totalité, etc. Les collectifs partitifs sont ceux qui ne présentent qu'une partie des objets dont on parle, comme : *Beaucoup, la plupart, assez*, etc.

(On verra, à l'article *Sujet du verbe*, des règles sur les collectifs.)

QUESTIONNAIRE.

188. Quelle est la règle du pluriel et des noms propres ? — des noms invariables de leur nature — des noms tirés des langues étrangères ?

189. Lorsque deux noms sont unis par la préposition *de*, à quel nombre doit-on mettre le second ?

190. Quel est le pluriel de *aïeul, ciel, œil, travail* ?

191. Quel est le pluriel des noms composés ?

192. Quel est le genre de *aigle*, — de *délice*, — de *foudre*, — de *garde*, — de *gens*, — d'*hymne*, — d'*œuvre*, — d'*orge*, — d'*orgue*, — de *Pâques*, — de *personne*, — de *quelque chose*, — d'*autre chose*.

193. Qu'appelle-t-on les noms collectifs ?

CHAPITRE III.

ARTICLE.

194. L'article a le plus grand rapport avec les adjectifs déterminatifs, puisque, comme eux, sa fonction est de déterminer le substantif. C'est ce qui a engagé plusieurs grammairiens à le classer parmi ces adjectifs.

Quand est-ce qu'un nom est déterminé ?

195. Un nom est pris dans un sens déterminé lorsqu'il est employé dans un sens individuel ou dans

un sens universel, c'est-à-dire lorsqu'il désigne distinctement un être en particulier ou une classe d'êtres.

D'après ce principe,

On mettra l'article :

196. I. Devant tout nom employé dans un sens partitif, car un nom pris dans un sens partitif est pris dans un sens *universel*. En effet, quand on dit : *Il a des talents*, c'est comme si l'on disait : *Il a une partie de* TOUS *les talents qui existent* ; le nom *talents* est pris dans un sens universel.

Il y a cependant à ceci deux exceptions.

197. 1ʳᵉ *Exception*. C'est lorsque le nom partitif est précédé d'un adjectif ou qualificatif, ou déterminatif. Dans ce cas, il ne prend point l'article. Exemple : *Ils ont d'*EXCELLENTS *fruits ; ils boivent de* NOS *vins*. Mais il faut que l'adjectif soit réellement employé comme adjectif, et qu'il ne se trouve pas uni au substantif pour former un nom composé ou une locution substantive, comme les adjectifs *petit* et *grand* dans PETIT-*maître* et GRAND *homme*. On ne pourrait donc pas dire : *On rencontre souvent* DE *petits-maîtres, qui se croient de grands hommes*. Il faudrait mettre l'article, et dire : *On rencontre souvent* DES *petits-maîtres, qui se croient* DES *grands hommes*.

2ᵉ *Exception*. C'est quand le nom partitif est complément d'un verbe négatif, et qu'il n'y a aucun mot après lui qui le détermine. Exemple : *Il ne boit pas* DE *vin ; il ne veut pas* DE *bière*.

Du reste, il est quelquefois assez difficile de connaître quand le verbe est négatif ou non, et il faut pour cela consulter plutôt le sens que les mots. Ainsi, quand on dit : *Cet étranger parle sans faire* DE *fautes,* le verbe *faire* est négatif, parce que le sens de la phrase est... *et il ne fait pas de fautes.* Voilà pourquoi on n'a pas mis l'article. Au contraire, si on dit : *Cet enfant ne peut parler sans faire* DES *fautes,* le verbe *faire* est affirmatif, parce que le sens est... *et il fait toujours* DES *fautes.* Voilà pourquoi on a mis l'article.

138. II. On met encore l'article chaque fois que, d'une manière quelconque, ou détermine l'objet que l'on nomme. Exemple : *Ils ont encore* DES *excellents fruits que vous leur avez envoyés.* On a mis l'article au nom *fruits,* quoique précédé d'un adjectif, parce qu'il est déterminé par les mots *que vous leur avez envoyés.*

On ne mettra pas l'article :

199. I. Au complément d'un collectif partitif, parce que ce complément est toujours pris dans un sens vague. Exemple : *Beaucoup de livres ; peu d'argent.* (Il y a cependant les collectifs partitifs *bien* et *la plupart,* dont les compléments prennent l'article, on ne sait pourquoi. Exemple : *Bien de* LA *science ; la plupart* DES *enfants.*)

II. Quand il n'y a qu'un nom, il ne faut qu'un article, quand même il y aurait plus d'un adjectif avec ce nom. On ne dira donc pas : LE *grand et* LE *sublime orateur,* mais LE *grand et sublime orateur.* Toutefois, on peut dire : LE *grand,* LE *sublime orateur,* parce que, dans ce cas, le nom est une fois sous-entendu ; c'est comme si l'on disait : LE *grand orateur,* LE *sublime orateur.*

Observations.

200. Puisqu'il faut un article devant tout nom employé dans un sens déterminé, on ne devrait pas dire : *Les père et mère de cet enfant ; les officiers et soldats du régiment* ; mais LE *père et* LA *mère de cet enfant* ; LES *officiers et* LES *soldats du régiment.* On ne devrait pas dire non plus : *L'histoire ancienne et moderne ; les articles premier et second de la loi* ; mais, *L'histoire ancienne et* LA *moderne* ; *L'article premier et* *L'article second de la loi.* Cependant, le désir d'abréger ou de ne pas fatiguer l'oreille a fait employer ces expressions et d'autres analogues, surtout dans le style administratif. On trouve dans le Dictionnaire de l'Académie : *Le consentement de ses père et mère ; les langues grecque et latine ; les substances végétales et animales*, etc.

LE PLUS, LE MOINS.

201. Il y a une remarque essentielle à faire sur *le plus, le moins* ; c'est que, dans deux circonstances, ce sont des expressions adverbiales, où le mot *le* reste invariable.

La première circonstance, c'est lorsque *le plus, le moins*, ne sont pas devant un adjectif, comme dans cette phrase : *Les hommes qui vivent* LE PLUS *sont ceux qui écoutent* LE MOINS *la mollesse.*

La seconde circonstance, c'est lorsque, placés devant un adjectif, *le plus, le moins*, n'indiquent pas une comparaison. Exemple : *Il a traversé la rivière dans l'endroit où elle est* LE MOINS *profonde.* Ici, l'on n'a pas l'intention de comparer la rivière dont on parle avec les autres rivières.

QUESTIONNARE.

195. Devant quels noms se met l'article ? — Quand un nom est-il pris dans un sens déterminé ?

196. Pourquoi emploie-t-on l'article devant les noms

pris dans un sens partitif?—197. Quelles sont les exceptions ?

199. Devant quel nom ne faut-il pas mettre l'article ?

200. Que faut-il observer sur l'expression *les père et mère*, et autres semblables ?

201. Quelle remarque y a-t-il à faire, sur *le plus*, *le moins*.

CHAPITRE IV.

ADJECTIFS.

ADJECTIF QUALIFICATIF.

Exceptions à la règle de la formation du féminin.

202. 1° *Enchanteur*, *pécheur* et *vengeur*, font, *en-chant*ERESSE, *péch*ERESSE et *veng*ERESSE. De même : *devin* fait *devin*ERESSE ; mais ce féminin vient de *de-vineur*, qui ne se dit plus.

Il faut y joindre les quatre termes de barreau, *bailleur*, *défendeur*, *demandeur* et *vendeur*, qui font *baill*ERESSE, *défend*ERESSE, *demand*ERESSE et *vende*-RESSE. Ailleurs qu'au barreau, *demandeur*, *vendeur*, font *demand*EUSE et *vend*EUSE.

Chasseur fait bien aussi *chass*ERESSE, mais seulement dans le style poétique ; ailleurs, on dit *chas-*SEUSE.

Chanteur, qui fait *chant*EUSE dans les cas ordinaires, fait *cantat*RICE quand il s'agit d'une personne célèbre dans l'art du chant ; c'est le féminin d'un masculin qui n'est plus en usage.

2° En général, les adjectifs qui expriment une profession exercée principalement par les hommes font le féminin comme le masculin. On dit donc : *une femme auteur, dessinateur, imprimeur.*

Il y a même des adjectifs qui ne s'emploient jamais au féminin ; ce sont : *Défenseur, fat, dispos* et *imposteur*. Lorsqu'on a besoin de les appliquer à des femmes, on prend un autre tour de phrase.

Exception à la règle de la formation du pluriel.

203. Nous avons vu que les adjectifs en *al* font leur pluriel en *aux*. Il y en a cependant plusieurs qui le font d'après la règle générale, c'est-à-dire en ajoutant un *s* au singulier, tels que *amical, fatal, final, glacial, jovial, natal, naval, pascal, théâtral*, etc., qui font au pluriel *amicals, fatals* etc. D'autres sont inusités au pluriel masculin, comme *littéral, boréal*, etc.

Remarques sur l'accord de l'adjectif.

204. 1° Lorsqu'un adjectif est placé après deux ou plusieurs noms à peu près synonymes, c'est-à-dire qui ont à peu près le même sens, on ne le fait accorder qu'avec le dernier ; mais il faut pour cela qu'il n'y ait entre les noms aucune conjonction. Exemple : *Il a montré une envie, un empressement, une ardeur* ÉTONNANTE. C'est que le dernier nom, étant plus énergique que ceux qui le précèdent, les résume, en quelque sorte, tous en lui seul.

2° Nous avons vu, dans la 1re partie, que si l'adjectif qualifiait des noms de genres différents, on le mettait au masculin pluriel. Toutefois, on énonce le nom masculin le dernier, afin que l'oreille ne soit pas blessée par le rapprochement d'un adjectif masculin après un nom féminin. C'est ainsi qu'au lieu de dire : *Il avait les yeux et la bouche* OUVERTS, on mettra : *Il avait la bouche et les yeux* OUVERTS.

3° Quand deux noms sont séparés par la conjonction ou, cette conjonction donnant l'exclusion à l'un des deux, on est dans l'usage de ne faire accorder qu'avec le dernier. Exemple : *Une telle entreprise supposait un courage ou une témérité* EXTRAORDINAIRE.

4° Quand deux noms sont liés par une des locutions conjonctives, *ainsi que, de même que*, etc., l'adjectif ne doit s'accorder qu'avec le premier. Exemple : *L'autruche a la tête,* AINSI QUE *le cou,* GARNIE *de duvet.* (Buffon.) C'est que, dans ce cas, il y a réellement deux phrases ; c'est comme si l'on disait : *L'autruche a la tête garnie de duvet, ainsi qu'elle a le cou garni de duvet.*

5° Lorsque deux adjectifs, placés de suite et exigeant chacun un complément différent, n'en ont cependant qu'un pour les deux, il faut répéter ce complément après chacun des deux. On ne dira donc pas : *Je suis sensible et reconnaissant* DE CE SERVICE, mais : *Je suis sensible* A CE SERVICE, *et j'*EN *suis reconnaissant.*

6° L'adjectif *feu*, qui signifie *mort depuis peu*, et qui se place toujours avant le nom, reste invariable s'il se trouve un mot entre lui et le nom, comme : FEU *la reine*; mais il s'accorde s'il touche le nom, comme : *La* FEUE *reine.* Du reste, cet adjectif est bien rarement employé au pluriel.

7° Les adjectifs *demi* et *mi, nu* et *témoin* restent invariables quand ils sont placés devant un nom ou un adjectif ; et même *demi, mi* et *nu* s'unissent à ce nom par un trait d'union. Exemple : *Une* DEMI-*heure* ; *à la* MI-*septembre* ; *à* DEMI-*brûlé* ; NU-*jambes* ; TÉMOIN *les cicatrices qui sillonnent son visage.*

On dit cependant : *La* NUE *propriété d'un bien.*

Il faut remarquer que *demi*, placé après un nom, ne peut jamais être qu'au singulier puisqu'il ne s'agit jamais que d'une seule *demie*, comme : *Deux heures et* DEMIE. Ce n'est que lorsqu'il est substantif que *demie* peut se trouver au pluriel, comme : *Cette pendule sonne les* DEMIES.

8º Si deux adjectifs, employés pour exprimer une couleur, étaient à la suite l'un de l'autre, de manière que le second qualifiât le premier, ils se mettraient toujours l'un et l'autre au singulier masculin, parce que le premier devient un nom qui est qualifié par le second. On dira donc : *La linotte a les ailes* GRIS CENDRÉ, c'est-à-dire *d'un* GRIS CENDRÉ. Le mot *gris* est substantif.

9º Il arrive souvent qu'un adjectif s'emploie comme adverbe ; alors il est nécessairement invariable. C'est ainsi qu'on dit : *Il chante* JUSTE ; *il parle* HAUT.

D'après ce principe, on dira : *Ils ont toujours marché* DROIT *dans le chemin de la vertu,* parce que *droit* est adverbe ; et *ils marchent* DROITS *et fiers sans regarder personne,* parce que DROITS est adjectif. C'est pour cela aussi qu'on dit avec l'adverbe : *Il vend ses étoffes* CHER ; et avec l'adjectif : *Je trouve ses étoffes* CHÈRES.

On dira aussi, sans faire accorder : *Vous recevrez* FRANC *de port ces lettres* ; et, en faisant accorder : *Ces lettres sont* FRANCHES *de port.*

10º Quant à la place que doit occuper l'adjectif, s'il doit être placé avant ou après le nom, en général la chose est de soi assez indifférente : c'est l'usage et l'oreille que l'on consulte à cet égard.

Toutefois, il y a un certain nombre d'adjectifs qui changent de signification en changeant de place, et qu'on ne pourrait pas mettre indifféremment avant ou après le nom. C'est ainsi qu'un GRAND *homme* signifie un homme de grand mérite, et un *homme* GRAND un homme de grande taille (1). Un PAUVRE *homme* veut dire un homme de peu de mérite ; et un *homme* PAUVRE, un *homme* sans fortune. Un HONNÊTE *homme* est un homme qui a de la probité, et un *homme* HONNÊTE, un homme poli. L'usage et la lecture des livres bien écrits apprendront ces différences.

ADJECTIF DÉTERMINATIF.

Adjectifs numéraux.

205. 1° On trouve souvent les adjectifs numéraux employés substantivement, le nom qu'ils déterminent étant sous-entendu. Exemple: *Le* PREMIER, *le* QUATRE *du mois,* pour *le* PREMIER JOUR, *le* QUATRIÈME JOUR *du mois.* On dit même : *Un* CENT *de café,* pour un POIDS *de* CENT LIVRES *de café.*

2° *Vingt* et *cent,* adjectif cardinaux, prennent l's lorsqu'ils sont au pluriel, c'est-à-dire lorsqu'il s'agit de plus d'un *vingt* et de plus d'un *cent,* comme : *Quatre-vingts, deux cents.* Mais s'ils étaient suivis d'un autre adjectif numéral, ils ne prendraient plus l's comme : *Quatre-vingt-un, deux cent dix.*

On a vu que ce n'est que lorsqu'ils sont adjectifs cardinaux que *vingt* et *cent* prennent l's ; on n'en mettra donc pas à *chapitre quatre-vingt, page deux cent,* parce qu'ils sont adjectifs ordinaux.

Quant à l'adjectif numéral *mille,* il ne prend jamais l's ; il faut donc écrire : *Dix* MILLE *francs.*

Mais lorsque *mille* indique une date, si cette date est comprise dans notre millésime, c'est-à-dire de-

____

(1) Cependant, si *grand homme* était suivi d'un adjectif qui exprimât une qualité de corps, il signifierait aussi *un homme de grande taille.* Exemple : *Un grand homme maigre.*

puis la naissance de Notre Seigneur jusqu'à nous, on écrit *mil*. Exemple : *L'Amérique fut découverte en* MIL *quatre cent quatre-vingt-douze.* Cette abréviation aura probablement été établie parce que ce nombre revenait souvent sous la plume. Toutefois, pour écrire ainsi ce mot, il faut qu'il soit suivi d'un autre adjectif numéral ; car on écrit : *des médailles frappées avant l'an* MILLE.

D'après ce principe, on écrira : *Moïse vivait vers l'an* MILLE *cinq cent avant notre ère;* et *l'an deux* MILLE *quatre cent quarante.*

Les mots *million*, *billion* ou *milliard*, *trillion*, etc.; le *quart*, le *tiers*, etc., une *dizaine*, une *centaine*, etc., ainsi que *mille,* mesure itinéraire, n'étant point des adjectifs numéraux, mais des noms, prennent la marque du pluriel.

3° On met un trait d'union entre les adjectifs numéraux, pour remplacer la conjonction *et.* Exemple : *Soixante-dix-sept,* pour *soixante* ET *dix* ET *sept.* Mais **cent,** *mille* et *million* ne veulent jamais le trait d'union, ni avant, ni après eux. On écrira donc : *Un* MILLION *trois* MILLE *deux* CENT *quatre.*

Le mot *quatre-vingts* prend toujours le trait d'union, quoique ce trait d'union ne tienne pas la place de *et.*

Adjectif possessif.

206. On ne doit pas employer l'adjectif possessif lorsqu'il est inutile ; on ne dira donc pas : *J'ai mal à* MA *tête* ; mais : *J'ai mal à la tête.*

Il y a cependant trois cas où l'adjectif possessif s'emploie sans être réellement nécessaire, et où il forme un pléonasme, c'est : 1° lorsqu'il s'agit d'une chose habituelle, comme : SA *migraine l'a repris ;* SON *bonheur l'a abandonné ;* 2° pour insister davantage sur ce que l'on dit, comme : *Je l'ai vu de mes yeux ; il ne peut se soutenir sur* SES *jambes* ; 3° dans certaines façons de parler ; par exemple : *Le serpent quitte* SA *peau au printemps ; la poule chante quand elle a fait son œuf.*

3° On dit quelquefois par abréviation : *Vos père et mère*, pour VOTRE *père et* VOTRE *mère* ; SES *frères et sœurs*, pour SES *frères et* SES *sœurs*.

LEUR en rapport avec un nom exprimant des unités collectives.

206 *bis*. L'adjectif *leur*, en rapport avec un nom exprimant des unités collectives, se met au singulier lorsqu'on énonce un sens général. Exemple : *La plupart des hommes emploient la première partie de leur vie à rendre l'autre misérable.* (LA BRUYÈRE.)

Le sens est toujours général lorsque *leur* est joint à un nom abstrait, et, par conséquent, dans ce cas, il faut toujours le singulier. Exemple : *Les louanges qu'on donne aux gens en place doivent peu flatter leur amour-propre.* (VAUVENARGUES.)

Mais *leur* se met au pluriel s'il se rapporte à plusieurs unités distinctes prises collectivement. Exemple : *Les passions se partageaient leurs cœurs.* (MONTESQUIEU.)

Toutefois, malgré l'idée collective, si le substantif ne s'emploie pas au pluriel, il faut laisser *leur* au singulier. Exemple : *Les hommes sont rarement contents de leur sort, et toujours contents de leur esprit.* On ne dit pas : *Des esprits, des sorts*, du moins dans le sens où ils sont employés ici.

SON, SA, SES, LEUR, LEURS, remplacés par EN.

203. En général, quand c'est une chose et non

une personne qui est l'objet possesseur, on ne met *son*, *sa*, *ses*, *leur*, *leurs*, que dans le cas où cet objet possesseur étant sujet du verbe, le nom auquel est joint *son*, *sa*, *ses*, est complément direct, ou bien attribut du sujet. Exemple : *Chaque âge a* SON *esprit*, SES *plaisirs et* SES *mœurs.* (BOILEAU.) On a mis *son*, *ses*, parce que les mots *esprit*, *plaisirs et mœurs*, auxquels ils sont joints, sont complément direct du verbe dont *âge*, objet possesseur, est sujet. Autre exemple : *Le vice est à lui-même* SON *propre châtiment.* On a mis *son*, parce que *châtiment*, auquel il est joint, est attribut de *vice*, objet possesseur et sujet.

Hors ces deux cas, au lieu de *son*, *sa*, *ses*, *leur*, *leurs*, on met *le*, *la*, *les*, avec le pronom *en*. Exemple: *Maîtres de l'univers*, *les Romains s'*EN *attribuèrent toutes* LES *richesses* (MONTESQUIEU), *et non pas* : *Maîtres de l'univers*, *les Romains s'attribuèrent toutes* SES *richesses.*

Adjectifs indéfinis.

AUCUN.

208. L'adjectif indéfini *aucun* ne s'emploie jamais au pluriel. On ne pourrait donc pas dire : AUCUNS *hommes*, AUCUNES *affaires.*

Cependant, si le nom auquel il est joint n'avait point de singulier, il faudrait bien le mettre au pluriel, comme : AUCUNES *funérailles ne furent plus touchantes.*

MÊME.

209. Le mot *même* est adjectif ou adverbe.

Il est adjectif quand il éveille une idée d'*identité* ou de *similitude* ; ce qui a lieu ordinairement quand ce mot précède immédiatement le nom, ou qu'il suit immédiatement un substantif ou un seul pronom.

Exemple : *Le peuple et les grands n'ont ni les mêmes vertus ni les mêmes vices.* (VAUVENARGUES.) *Les rochers mêmes et les plus farouches animaux sont sensibles à de touchants accords.* (GRESSET.) *Les animaux eux-mêmes sont sensibles aux bienfaits.*

Il est adverbe quand il éveille une idée d'*extension*, de *modification*, et qu'il signifie *mêmement, aussi, de plus*, etc. ; ce qui a lieu 1° quand il se rapporte à un adjectif ou à un verbe. Exemple : *Les animaux les plus sauvages même nous offrent des exemples de la reconnaissance.* (Cité par Boniface.) *Nous ne devons pas fréquenter les impies, nous devons même les éviter comme des pestes publiques.* (Cité par Girault-Duvivier.) Ce qui a lieu 2° quand *même* est placé après plusieurs substantifs ou pronoms formant une gradation. Exemple : *Les animaux, les plantes même étaient au nombre des divinités égyptiennes.*

Cependant, *même* après un seul substantif peut aussi être adverbe ; cela dépend de l'idée qu'on y attache. Exemple : *Ses amis même avaient de la peine à le reconnaître* (ROLLIN) ; c'est-à-dire ses amis *aussi*.

Il faut avouer qu'il est quelquefois assez difficile de distinguer si *même* est adjectif ou adverbe. Dans ces circonstances, on prend le parti qui paraît le plus raisonnable.

<h2 style="text-align:center">NUL.</h2>

210. *Nul* est comme *aucun*, il ne se met jamais au pluriel, à moins qu'il ne soit joint à un nom qui ne s'emploie pas au singulier. Ainsi, on ne dit pas : NULS *arbres*, NULLES *feuilles* ; mais on dira bien : NULLES *troupes n'étaient plus aguerries*, parce que le mot *troupes*, dans ce sens, n'a point de singulier.

QUELQUE, QUEL.... QUE.

1211. *Quelque,* selon son emploi, s'écrit de trois manières.

1er emploi. Suivi d'un nom , *quelque* est adjectif déterminatif. Exemple : QUELQUES *crimes toujours précèdent les grands crimes* (RACINE). — QUELQUE *mérite que vous ayez* (1).

Quand même le nom serait précédé d'un adjectif, cela n'empêcherait pas *quelque* d'être adjectif déterminatif. Exemple : QUELQUES *rares talents que vous possédiez.* C'est comme s'il y avait : QUELQUES *talents rares que vous possédiez.*

2e emploi. Suivi d'un adjectif sans nom après, d'un participe ou d'un adverbe, *quelque* est adverbe, et par conséquent invariable. Exemple : QUELQUE *méchants que soient les hommes, ils sont toujours nos frères.*—QUELQUE *lus que soient ces livres.*—QUELQUE *habilement qu'il travaille.*

On connaît d'ailleurs que *quelque* est adverbe quand on peut le remplacer par l'adverbe *si.* C'est ainsi qu'on peut dire : SI *méchants que soient les hommes...* SI *lus que soient ces livres...* SI *habilement qu'il travaille.*

Cette remarque s'applique également au cas où *quelque* précède un adjectif qui est suivi d'un substantif attribut. Exemple : *Quelque grands capitaines qu'aient été César et Pompée, Turenne et Condé les ont égalés. Quelque grands capitaines ,* c'est-à-dire SI *grands capitaines,* etc.

Au lieu d'être suivi d'un adjectif, si *quelque* était

(1) Pour analyser grammaticalement cette phrase, il faut observer que, dans l'origine, *quelque* était pour *quel que* en deux mots ; conséquemment, le verbe *être* était sous-entendu : *Quel que* SOIT *le mérite que...*

suivi d'un nom employé adjectivement, ce serait toujours la même règle. Exemple : QUELQUE *amis que l'on soit, il ne faut jamais l'être au delà du devoir.* Le nom *amis* est employé ici comme adjectif.

Quelque adverbe s'emploie quelquefois pour signifier *environ.* Exemple : *Il y a eu* QUELQUE *trente-six vaisseaux qui ont trouvé le moyen d'entrer dans le port.* (RACINE.) Mais cette expression est moins usitée qu'autrefois.

3ᵉ *emploi.* Enfin, suivi d'un verbe, *quelque* s'écrit en deux mots, et *quel* est alors un adjectif indéfini qui se rapporte au sujet du verbe. Exemple : QUEL QUE *soit son mérite*, QUELS QUE *soient ses talents, il est toujours modeste.* Le mot *que,* qui suit *quel,* n'est autre chose que la conjonction qui précède toujours le subjonctif (1).

Il faut bien se garder de mettre *tel que* à la place de *quel que* ; c'est une faute qui a échappé, quoique bien rarement, à certains écrivains. C'est ainsi que Voltaire a dit : *Ce grand choix,* TEL QU'il *soit, peut n'offenser personne.*

Ne dites pas non plus : QUEL *temps qu'il fasse,* pour : QUELQUE *temps qu'il fasse.*

TOUT.

212. Outre qu'il est adjectif déterminatif, *tout* peut encore être adverbe, ce qui a lieu dans deux cas.

1ᵉʳ *cas. Tout* est adverbe lorsqu'il est employé dans le sens de l'adjectif *quelque.* Exemple : TOUT *faible qu'est le roseau, il résiste plus que le chêne,* c'est-à-dire : QUELQUE *faible que soit le roseau...*

---

(1) Voici comment on peut analyser grammaticalement ces sortes de phrases : *Je suppose* QUE *son mérite soit* QUEL *(on voudra), il est toujours modeste.*

2° *cas.* ***Tout*** est encore adverbe lorsqu'il a le sens de *entièrement, tout à fait.* Exemple : *Je suis* TOUT *prêt à vous suivre,* c'est-à-dire : ENTIÈREMENT *prêt.*

Mais une observation particulière à faire sur *tout* adverbe, c'est que, lorsqu'il est placé devant un adjectif féminin commençant par une consonne ou une *h* aspirée, il prend le genre et le nombre du nom auquel cet adjectif se rapporte. Exemple : TOUTES *hardies que vous les connaissez, elles sont restées* TOUTES *troublées.* — *C'est* TOUTE *la même chose.* Cet usage, qui semble assez bizarre, a sans doute été dicté par l'euphonie (1) ; l'oreille eût trouvé étrange le mot *tout* devant un adjectif féminin.

Ce n'est que lorsqu'il est suivi d'un adjectif, d'un participe ou d'un adverbe, que *tout* est adverbe.

Remarquez qu'on met quelquefois *tout* masculin devant un nom de ville féminin, comme : TOUT *Rome en fut témoin.* Mais cette manière de parler est une ellipse ; c'est pour : TOUT *le peuple de Rome.*

Placé devant le mot *autre, tout* est adverbe lorsqu'il est précédé ou suivi de *un, une* ; il est ordinairement adjectif dans le cas contraire. Exemple : *Pour trouver le vrai bonheur, il faut suivre* UNE TOUT AUTRE *voie que celle des plaisirs.* — TOUTE AUTRE *place qu'un trône eût été indigne d'elle.* (BOSSUET.)

Tout est quelquefois substantif. Exemple : *Le* TOUT *est plus grand que sa partie.* Il peut aussi être pronom. Exemple : TOUT *annonce la gloire de Dieu.*

QUESTIONNAIRE.

202. Comment se forme le féminin des adjectifs terminés en *cur* au masculin ?

(1) *Euphonie,* qui, en grec, signifie *son agréable,* se dit de ce qui rend les mots plus doux et plus coulants.

203. Quelle est l'exception à la règle générale de la formation du pluriel dans les adjectifs ?

204. Comment s'accorde l'adjectif placé après deux ou plusieurs noms à peu près synonymes ?—Dans quel ordre place-t-on ces noms, s'ils ne sont pas du même genre ? — Quand ces noms sont unis par *ou*, comment s'accorde l'adjectif ? — Quand ils sont liés par une des locutions *ainsi que, de même que*, etc.? — Que faire quand deux adjectifs placés de suite veulent un complément différent, et qu'il n'y en a qu'un pour les deux? — Comment s'accorde l'adjectif *feu* ? — Les adjectifs *demi, nu* et *témoin* ? — Deux adjectifs, dont le premier est qualifié par le second ? — L'adjectif employé adverbialement ? — Quelle place doit occuper l'adjectif ?

205. Les adjectifs numéraux sont-ils toujours employés comme adjectifs? — Quand *vingt* et *cent*, adjectifs numéraux, prennent-ils l's? — Quelle est la règle de *mille* ?— Quand met-on un trait d'union entre les adjectifs numéraux ?

206. Dans quels cas emploie-t-on l'adjectif possessif sans qu'il soit réellement nécessaire?—Comment s'accorde *leur* employé avec un nom exprimant des unités collectives ?

207. Quand remplace-t-on *son, sa, ses, leur, leurs*, par le mot *en* ?

208. A quel nombre ne s'emploie pas l'adjectif *aucun* ? —209. L'adjectif *nul*?

210. Dans quel cas *même* est-il adjectif?— adverbe ?

211. Quelles sont les trois manières d'écrire *quelque* ?

212. De quelle nature est le mot *tout*, et qu'y a-t-il à observer sur l'orthographe de ce mot ?

CHAPITRE V.

PRONOM.

Règle générale sur les pronoms.

213. Ainsi qu'on l'a déjà vu, les pronoms sont soumis aux mêmes règles que l'adjectif pour leur

accord avec le nom qu'ils représentent. Par exemple, on sait que, lorsqu'il se trouve plusieurs noms de suite qui sont synonymes, l'adjectif ne s'accorde qu'avec le dernier. Il en est de même pour les pronoms ; car on dit : *Il a déployé un courage, une intrépidité à* LAQUELLE *rien n'a pu résister.*

PRONOM PERSONNEL.

Pronom personnel répété par pléonasme.

214. On répète le pronom personnel par pléonasme :

1° Pour donner plus de force à la phrase ; comme : Moi, *vous me soupçonneriez !* ILS *sont tombés, ces audacieux qui semblaient braver le Ciel !*

2° Quand le sujet devrait se mettre après le verbe et que ce sujet est un nom, on le laisse avant le verbe et on se contente de mettre après un pronom pléonasme du sujet. Exemple : *Votre frère vous a-t-*IL *offensé, pardonnez-lui, et Dieu vous pardonnera.* Ici le sujet *votre frère* eût dû naturellement être mis après le verbe.

3° Quand le nom sujet est trop éloigné du verbe, on le répète par un pronom pour la clarté de la phrase. Exemple : *Louis XIV trouvant ses ennemis intraitables, et ne pouvant en obtenir la paix qu'à des conditions déshonorantes, plein de confiance en son peuple,* IL *fit un appel au patriotisme de la France.*

4° Enfin, le pronom personnel s'emploie quelquefois en pléonasme par gallicisme ; comme : *Il* NOUS *servit de père, à mon frère et à moi* ; on eût put mettre simplement : *Il servit de père à mon frère et à moi.*

Il arrive aussi quelquefois que, dans le discours familier, on emploie les pronoms de la première et de la deuxième personne, uniquement pour donner à la phrase une certaine énergie; comme quand on dit : *Faites-MOI taire cet homme-là.* — *Maint estafier accourt, on* VOUS *happe notre homme.* (LAFONTAINE.)

Les mots employés ainsi de trop dans une phrase s'appellent des *locutions explétives.*

Ordre à garder dans les pronoms personnels.

215. La politesse de la langue française exige que la personne qui parle se nomme toujours la dernière, et qu'on nomme en premier lieu la personne à qui on adresse la parole. On dira donc : VOUS, LUI *et* MOI *nous voilà d'accord.*

Toutefois, s'il s'agissait d'un être qui nous fût nécessairement inférieur, nous nous nommerions les premiers. Exemple: MOI *et* MON FILS ; NOUS *et* NOS DOMESTIQUES. Ou bien encore quand on se déclare privé de quelque avantage; comme : MOI *et* VOUS *nous avons chacun nos défauts.*

Pronom personnel avec l'impératif.

216. On a vu que lorsque le verbe est à l'impératif, le pronom personnel complément se met après, comme : *Ménagez-*VOUS, *aidons-*LE. S'il se trouvait à la fois deux pronoms compléments, l'un direct et l'autre indirect, on mettrait le direct le premier. Exemple : *Prêtez-*LE-LUI, *amenez-*LE-NOUS.

Mais lorsque, avec *moi* ou *toi,* un verbe a encore pour complément un des pronoms *y* ou *en,* l'usage veut que l'on change, par euphonie, *moi* et *toi* en *me* et *te.* Ainsi, au lieu de dire : *Mène-*MOI-Y, *jette-*TOI-Y, *donne-*MOI-en, *préserve-*TOI-en, on dit : *Mène-*M'y, *jette-*T'y, *donne-*M'en, *préserve-*T'en. Avec *y* on peut dire encore, en transposant les pronoms : *Mènes-y-*MOI ;

*jettes-y-*TOI. (1) Ne dites pas : *Je m'en* Y *vais*, mais, *Je m'*Y *en vais.* Du reste, il faut éviter, autant que possible, ces tours de phrase, comme peu agréables à l'oreille.

Remarquez toutefois que si l'impératif est négatif, les pronoms personnels se mettent avant le verbe. Exemple : *Ne* M'y *mène pas, ne* T'*en préserve pas, ne* ME *le prêtez pas.*

[Clarté dans l'emploi des pronoms personnels.]

217. La première qualité du style étant la clarté, il faut qu'on puisse voir facilement de quel nom les pronoms tiennent la place. La phrase suivante pèche contre cette règle : *Lafontaine a surpassé Phèdre dans tout ce qu'*IL *a fait de plus beau*, parce qu'on ne voit pas si le pronom *il* tient la place de Phèdre ou celle de Lafontaine. Il faut dire : *Lafontaine a surpassé Phèdre dans tout ce que celui-ci a fait de plus beau.*

LUI, ELLE, EUX, ELLES, *complément d'un verbe avec* A *ou* DE.

218. Les pronoms *lui, elle, eux, elles*, employés en complément indirect avec *à* ou *de*, ne se disent guère que des personnes ; autrement, on se sert des pronoms *y* et *en*. Ainsi, en parlant d'un homme, on dira bien : *Je me fie à* LUI, ou *je m'y fie ; je m'approche de lui*, ou *je m'en approche.* Mais s'il s'agissait d'un autre être que d'une personne, d'un cheval, par exemple, ou d'un arbre, on ne dirait pas : *Je me fie à* LUI, *je m'approche de* LUI ; mais seulement : *Je m'y fie, je m'en approche.* Cependant, si l'objet était per-

(1) Dans *mènes-y-moi, jettes-y-toi*, on a mis l's par euphonie.

sonnifié, on le traiterait comme s'il était réellement une personne. Exemple : *Le soleil est le père de la nature, elle reçoit de* LUI *la lumière et la vie.*

Si *à lui, à elle, à eux, à elles,* étaient remplacés par *lui* et *leur,* comme : *Je* LUI *dois, je* LEUR *dois le respect,* les pronoms *lui* et *leur* se diraient de tous les êtres animés. Par exemple, en parlant d'un cheval, on dirait : *Je* LUI *mettrai un frein.* Mais ils ne pourraient pas se dire des êtres inanimés ; ainsi on ne dirait pas, en parlant d'une maison : *Je* LUI *ferai ajouter un étage;* il faudrait : *J'*Y *ferai ajouter un étage.* Toutefois, si la *chose* était personnifiée, on la traiterait comme une personne. Exemple : *Le travail est mon sauveur, je* LUI *dois la vie.*

LUI, ELLE, EUX, ELLES, *attribut.*

219. *Lui elle, eux, elles,* employés comme attribut après *c'est, c'était,* etc., ne se disent pas des objets animés. Ainsi, à cette question : *Sont-ce là vos livres?* on ne répondra pas : *Oui, ce sont* EUX, mais: *Oui, ce* LES *sont.* — *Est-ce là votre maison? Oui, ce* L'*est,* et non : *Oui, c'est* ELLE.

Mais, s'il suivait un pronom relatif, il faudrait bien employer *lui, elle, eux, elles.* Par exemple, en parlant de mes livres : *Ce sont eux qui me procurent de douces jouissances.*

LE, LA, LES, *complément direct.*

220. On entend certaines personnes omettre quelquefois *le, la, les,* compléments directs, quand ils se trouvent avec le complément indirect *lui* ou *leur,* comme : *Il m'avait prêté un livre, je* LUI *ai rendu,* pour : *Je* LE LUI *ai rendu.* C'est une faute grossière.

SOI.

221. Le pronom *soi* s'emploie pour les personnes et pour les choses.

Appliqué aux personnes, il s'emploie :

1° Dans un sens indéfini, c'est-à-dire lorsqu'il est en rapport avec un pronom indéfini ou quelque expression vague. Exemple : ON *a souvent besoin d'un plus petit que* SOI. (LAFONTAINE.) — PERSONNE *n'est prophète chez* SOI. — TOUT HOMME *qui souffre ne plaint que* SOI.

2° On met *soi,* même en rapport avec un substantif, lorsque l'emploi de *lui* rendrait la phrase équivoque. Exemple : *En obéissant à son père,* CET ENFANT *travaille pour* SOI. Si l'on eût mis *lui,* on n'aurait pas su s'il s'agissait de l'enfant ou du père. — DIEU *était dans Jésus-Christ, réconciliant le monde avec* SOI. (BOSSUET.) Si l'on eût mis *lui,* on aurait cru qu'il réconciliait le monde avec Jésus-Christ.

Remarquez qu'on trouve *soi* en rapport avec un nom pluriel. Exemple : LES ANIMAUX *ont en* SOI *un instinct qui ne les trompe jamais.* (BUFFON.)

De la répétition des pronoms.

222. Il faut répéter les pronoms sujets dans deux circonstances.

1° Quand il y a deux propositions de suite dont l'une est affirmative et l'autre négative. Exemple : VOUS *voulez et* VOUS *ne voulez pas.* — ILS *ne l'aiment pas, et* ILS *lui rendent service.*

2° Quand les propositions sont liées par des conjonctions autres que *et, mais, ni.* Ex. : VOUS *serez heureux, si* VOUS *êtes d'accord avec votre conscience.*

Quant aux pronoms compléments, ou est dans

l'usage de les répéter à chaque verbe. Exemple : *Ils* **NOUS** *abordent,* **NOUS** *prennent, et* **NOUS** *emmènent prisonniers en Egypte.* (**FÉNELON.**)

PRONOM DÉMONSTRATIF.

Le, pronom démonstratif.

223. On a vu, n° 70, que *le* est pronom démonstratif lorsqu'il peut être remplacé par le mot *cela.* Il est invariable.

Mais s'il tient la place d'un substantif, *le* est pronom personnel ; alors il prend le genre et le nombre du substantif qu'il remplace. Exemple : *Madame, êtes-vous* **LA MALADE** *? Je* **LA** *suis.* — *Messieurs, êtes-vous* **LES MÉDECINS** *? Nous* **LES** *sommes.* Ici, la *malade,* les *médecins,* sont des substantifs ; le pronom qui les représente dans la réponse est personnel, il a pris le genre et le nombre de ces substantifs. — *Madame, êtes-vous* **MALADE** *? Je* **LE** *suis.* — *Messieurs, êtes-vous* **MÉDECINS** *? Nous* **LE** *sommes.* Ici, *malade, médecins* sont des adjectifs ; le pronom qui les représente est démonstratif, il est resté invariable.

Emploi de **CE.**

224. 1° Le pronom démonstratif *ce* veut au pluriel le verbe dont il est le sujet, lorsque ce verbe est suivi d'un nom pluriel attribut de *ce.* Exemple : **CE SONT VOS ANCÊTRES** *qui ont bâti ce château ;* **CE SONT EUX** *qui ont planté ces arbres.*

Mais on met le verbe au singulier quand l'attribut est composé de plusieurs noms singuliers. Exemple : **C'EST** *la* **DOCTRINE** *et la* **CONDUITE** *de Jésus-Christ qui doivent servir de règle au chrétien.*

Observez que lorsque l'attribut de *ce* est composé

de plusieurs noms singuliers dans une interrogation où le verbe est au pluriel, la réponse se fait avec un verbe aussi au pluriel. Ainsi, si l'on disait : *Quels* SONT *les enfants de Noé?* il faudrait répondre : CE SONT *Sem, Cham et Japhet.* Mais on dirait avec le singulier : C'EST *Sem, Cham et Japhet qui composent la famille de Noé.*

2° A cette question : *Quelle heure est-il?* il ne faut pas répondre avec *ce* : *C'est midi, c'est deux heures* ; mais avec *il* : IL *est midi,* IL *est deux heures.* Si, au contraire, on demandait : *Quelle est l'heure qui vient de sonner?* on répondrait : *C'est midi, c'est deux heures.*

3° *Ce* s'emploie quelquefois par pléonasme devant le verbe *être* pour donner à l'expression plus d'énergie et de netteté. Exemples : *Le plaisir des bons cœurs,* C'EST *la reconnaissance.* (LAHARPE.) — *Ce qui importe à tout homme,* C'EST *de remplir ses devoirs sur la terre.* (J.-J. ROUSSEAU.)

4° Le pronom *ce* s'emploie à la place de *il, ils, elle, elles,* sujet du verbe *être,* lorsque l'attribut est un nom. Exemple : *Je m'applique à la lecture des bons livres ; c'est mon plaisir ; c'est-à-dire :* ELLE *est mon plaisir.*

5° Le pronom *ce* doit toujours précéder le verbe *être* placé entre deux infinitifs. Exemple : *Vivre content de peu, c'est être vraiment riche.* (GAUDIN.)

PRONOM POSSESSIF.

Point de pronom possessif sans relation.

225. On ne peut employer le pronom possessif que lorsque le nom dont il tient la place a été exprimé auparavant. C'est donc parler d'une manière incorrecte que de commencer une lettre par ces mots : *J'ai reçu* LA VÔTRE...; *je réponds à l'honneur de* LA VÔTRE.

Il n'en serait pas de même si le pronom possessif était employé substantivement, comme : *Assurez*-LES VÔTRES *de mon amitié.* — LE MIEN *et* LE TIEN *sont la source de bien des querelles.*

PRONOM RELATIF OU CONJONCTIF.

Accord du relatif ou conjonctif.

226. Comme tous les autres pronoms, le conjonctif doit s'accorder en genre, en nombre et en personne avec le nom dont il tient la place, c'est-à-dire avec son antécédent. On dira donc : *C'est* MOI QUI SUIS ; *c'est* TOI QUI ES ; *c'est* LUI QUI EST ; *c'est* NOUS QUI SOMMES ; *c'est* VOUS QUI ÊTES ; *ce sont* EUX QUI SONT. Ainsi, ce serait une faute de dire : *Si c'était* MOI QUI L'EUT *fait* ; il faut : *Si c'était* MOI QUI L'EUSSE *fait.*

On dira aussi : *Nous sommes ici trois* QUI AVONS *fait ce voyage,* parce que le mot *trois* n'étant qu'adjectif, n'est pas antécédent ; mais il faudrait dire : *Nous sommes ici les trois* QUI ONT *fait ce voyage,* parce que le mot *trois* est employé substantivement et qu'il est devenu antécédent.

Faut-il dire : *C'est toi ou moi* QUI AURAI *le prix?* ou : *C'est toi ou moi* QUI AURONS *le prix?* La première manière est plus conforme à la Grammaire, mais la seconde est plus usitée.

Clarté dans l'emploi du conjonctif.

227. 1° La clarté exige que le pronom conjonctif soit le plus près possible de son antécédent. On ne dira donc pas : L'HOMME *est insensé* QUI *préfère les* grossières jouissances des sens aux joies pures de l'âme. Il faut dire : *Il est insensé* L'HOMME QUI...., ou prendre un autre tour de phrase.

2° Le même besoin de clarté exige qu'on évite, autant qu'on pourra, de mettre de suite plusieurs conjonctifs qui représentent des objets différents. C'est par là que la phrase suivante est obscure, et par conséquent incorrecte : *Nous entrâmes dans la grotte,* QUI *était creusée dans le roc,* QUI *était formé de coquillages.* De même, il y aurait embarras et incorrection dans la phrase suivante : *L'homme* QU'*on vous a dit* QU'*il m'avait parlé* ; il faudrait : *L'homme qu'on vous a dit m'avoir parlé.*

3° Pour éviter l'équivoque dans l'emploi de *qui* ou *que,* on est quelquefois obligé de le remplacer par *lequel, laquelle:* Par exemple, dans cette phrase : *Nous avions à parler au fils de la reine,* QUI *parut en ce moment* ; l'emploi de *qui* fait qu'on ne voit pas si c'est le fils de la reine, ou la reine elle-même, qui parut. En mettant *lequel,* s'il s'agit du fils, ou *laquelle* s'il s'agit de la reine, l'équivoque disparaît.

Conjonctif complément d'une préposition.

228. Après une préposition, lorsque le pronom conjonctif représente des animaux ou des choses, on emploie *lequel, laquelle,* et non pas *qui.* On ne dira donc pas : *Le livre* DANS QUI *j'ai puisé cette science;* mais, *le livre* DANS LEQUEL.....—*Le bonheur* A QUI *j'aspire;* mais, *le bonheur* AUQUEL *j'aspire.*

Mais s'il s'agit de personnes ou de choses personnifiées, on met indifféremment *qui* ou *lequel.* On dit également : *L'enfant* A QUI *tout cède est bien malheureux,* et *L'enfant* AUQUEL *tout cède est bien malheureux.*

DONT, D'OU.

229. *Dont*, exprimant une idée de sortie, d'extraction, ne s'emploie qu'au moral. Exemple : *La famille* DONT *il sort est fort ancienne.* Dans le sens physique (1), *dont* se remplace par *d'où.* Exemple : *La Chine,* D'OU *nous tirons le thé, est un vaste empire.*

Préposition sous-entendue avant le conjonctif.

230. 1° Lorsque le conjonctif tient la place d'un nom de temps, la préposition est presque toujours sous-entendue devant. Exemple : *Alexandre naquit la nuit* QUE *fut brûlé le temple d'Ephèse ;* c'est-à-dire *la nuit* DANS LAQUELLE *fut brûlé le temple d'Ephèse.*

2° On trouve assez souvent *que* employé pour *à quoi.* Exemple : QUE *sert de gagner l'univers, si l'on perd son âme ?* c'est-à-dire : **A** QUOI *sert de gagner l'univers....*

PRONOM INDÉFINI.

ON.

231. 1° Le pronom *on* est une altération du mot *homme* employé dans un sens vague ; on dit même, en conservant l'article, *l'on* (pour *l'homme*). Ce pronom ne peut se dire que des personnes, et il est toujours sujet.

2° Quoique le pronom *on* soit naturellement masculin, cependant, s'il désignait évidemment une femme, il serait féminin. Exemple : *Quand* ON *est*

---

(1) Un mot est dit employé au *physique* lorsqu'il est pris dans son sens matériel, comme : *La* DOUCEUR *du miel.* Il est dit employé au *moral* lorsqu'il est pris dans un autre sens que le matériel, comme : *La* DOUCEUR *de l'amitié.*

mère, **ON** *est* **DÉSIREUSE** *du bonheur de ses enfants.*

3° De même, quoique ce pronom soit naturellement singulier, il deviendrait pluriel dans le cas où il désignerait clairement plus d'une personne. Exemple : **ON** *est* **ÉGAUX** *quand on est* **AMIS.**

4° La clarté exige qu'en général on ne mette pas de suite des *on* qui ne représenteraient pas la même personne, comme dans cette phrase: *On dit qu'*ON *a pris cette citadelle, qu'*ON *avait fortifiée avec tant d'art.*

SON et LEUR après CHACUN.

232. Quand est-ce qu'après *chacun* il faut mettre *son*, et quand est-ce qu'il faut mettre *leur*? Quand faut-il dire, par exemple: *Les deux armées perdirent* **CHACUNE LEUR** *chef*, ou **CHACUNE SON** *chef*? Voici la règle que, d'après l'usage le plus généralement suivi, on peut établir à ce sujet : Si le sens est complet, avant *chacun*, mettez *son;* si le sens n'est pas complet, mettez *leur*. D'après cette règle, il faudra dire: *Les deux armées perdirent* **CHACUNE LEUR** *chef* (**V**ERTOT), parce que le sens n'est pas complet avant *chacun*. Mais on dira avec *son : Tous les Hébreux contribuèrent à la construction du temple,* **CHACUN** *selon* **SES** *facultés* (**F**LEURY), parce que le sens est complet avant *chacun*.

Remarquez que ce serait toujours la même règle si *leur* ou *son* se trouvaient dans un complément indirect. On dirait donc: *Mettez ces livres* **CHACUN à LEUR** *place*, et *Rangez tous ces livres* **CHACUN à SA** *place.*

Il y a même des phrases où l'on peut mettre indifféremment *son* ou *leur*, selon qu'on fait ou qu'on ne fait pas de pause avant *chacun*. Par exemple: *Tous les hommes seront jugés* **CHACUN** *selon* **LEURS** *œuvres,*

11

ou *Tous les hommes seront jugés,* CHACUN *selon*
œuvres.

Du reste, ce qu'on vient de dire de l'adjectif p
sessif *son* et *leur,* s'applique également au pro
lui et *leur.* Il faudrait dire: *Ils ont terminé* CHA
la tâche qui LEUR *avait été imposée,* le sens n'étant
fini avant *chacun;* et *Ils ont terminé leur tâche,* CHA
celle qui LUI *avait été imposée,* le sens étant fini a
chacun.

AUTRUI.

233. *Autrui* ne se dit que des personnes, et il
s'emploie qu'en complément indirect. Exemple :
faites pas à AUTRUI *ce que vous ne voulez pas qu*
vous fasse.

PERSONNE.

234. Ce pronom, qui a le même sens que *auc*
ne se dit que des personnes. Il n'a point de plur
Quoique masculin de sa nature, il serait féminin
s'agissait évidemment d'un être féminin. Ainsi,
parlant d'une mère, on dira : PERSONNE, *n'est p*
ATTACHÉE *qu'elle à ses enfants.*

L'UN L'AUTRE.

235. Lorsqu'il s'agit de plus de deux objets,
met ordinairement le pluriel *les uns les autr*
comme *Les hommes trouvent leur bonheur à s'aid*
LES UNS LES AUTRES. Cependant, si l'on voulait e
primer l'action d'individu à individu, il faudrait me
tre le singulier : *Les hommes trouvent leur bonheu*
à s'aider L'UN L'AUTRE.

Au reste, quand il ne s'agit que d'un petit nombr
on peut mettre indifféremment le singulier ou le pl
riel. Ainsi, on trouve dans Vertot : *Trois sou*

rtains *indépendants* LES UNS DES AUTRES : et dans
oltaire : *Ces trois genres rentrent souvent* L'UN *dans*
AUTRE.

2° Il ne faut pas confondre *l'un l'autre*, avec *l'un
l'autre*. Outre l'idée de deux, *l'un l'autre* exprime
ncore une réciprocité d'action. Quand on dit : *Ces
deux hommes se vantent* L'UN L'AUTRE, cela signifie
qu'ils se vantent réciproquement. Au lieu que, si
l'on disait : *Ils se vantent* L'UN *et* L'AUTRE, cela signifierait qu'ils se vantent chacun de leur côté.

3° Lorsque *l'un et l'autre* est sujet d'un verbe,
l'usage permet de mettre ce verbe au singulier ou au
pluriel indifféremment. On connaît l'anecdote ra-
contée à ce propos sur le grammairien Dumarsais,
qui, étant, dit-on, au lit de la mort, dit à ceux qui
l'entouraient : *Je m'en vais ou je m'en vas, car* L'UN *et*
L'AUTRE *se* DIT *ou se* DISENT. Il paraît toutefois plus
conforme à la raison de mettre le pluriel, puisqu'il
s'agit de plus d'un objet.

Remarquez que si *l'un et l'autre*, étant sujet, se
trouvait placé après le verbe, celui-ci se mettrait nécessairement au pluriel. Exemple : *Ils sont* PARTIS
L'UN ET L'AUTRE. On ne pourrait pas dire : *Il* EST
PARTI L'UN ET L'AUTRE.

4° Lorsque *l'un et l'autre* est complément direct,
il est indispensable de faire précéder le verbe du
pronom personnel *les*, qui n'est, dans ce cas, qu'un
pléonasme de *l'un et l'autre*. On dira donc : *Dieu fit
comparaître Adam et Ève et* LES *condamna* L'UN ET
L'AUTRE (Bossuet) ; *et condamna* L'UN ET L'AUTRE
serait une faute.

Observation générale sur les pronoms.

236. Un substantif employé sans déterminatif et
précédé d'un verbe avec lequel il ne forme qu'une

seule idée, comme : *Avoir honte, faire grâce, porter bonheur*, etc., ne peut être représenté par un pronom, car un pronom tient la place d'un nom véritable, tandis que le nom dont il s'agit n'offre réellement une idée qu'autant qu'il demeure attaché au verbe. On ne dira donc pas : *Il a eu* HONTE, *et* ELLE *a paru sur son front. — Il* A FAIT GRACE *avant qu'on* LA *lui demandât.*

Si Racine, entre autres, a dit : *Quand je me* FAIS JUSTICE, *il faut qu'on se* LA *fasse*, c'est qu'il lui eût été difficile, en vers, de s'exprimer autrement.

QUESTIONNAIRE.

213. Comment s'accorde le pronom?

214. Quand répète-t-on les pronoms personnels par pléonasme?

215. Quel ordre faut-il garder dans l'emploi de ces pronoms?

216. Où se placent les pronoms personnels, complément d'un verbe à l'impératif?

217. Que faut-il observer dans l'emploi des pronoms relatifs, pour ne pas manquer contre la clarté du style?

218. Qu'y a-t-il à observer dans l'emploi des pronoms *lui, elle, eux, elles*, compléments d'un verbe, avec à ou de? — 219. Sur les pronoms *lui, elle, eux, elles*, attributs? — 220. Sur *le, la, les*, compléments directs? — 221. Sur le pronom *soi?*

222. Quand faut-il répéter les pronoms sujets?

223. Dans quel cas le pronom *le* est-il variable?

224. Quel est l'emploi du pronom *ce?*

225. Quelle est la condition de l'emploi du pronom possessif?

226. Comment s'accorde le pronom relatif? — 227. Et à quoi faut-il faire attention en l'employant?

228. Quels pronoms relatifs doit-on employer après une préposition, lorsqu'il s'agit de choses?

229. Qu'y a-t-il à observer sur l'emploi de *dont* et *d'où?*

230. Dans quel cas la préposition est-elle ordinairement sous-entendue après le pronom relatif?

231. Qu'y a-t-il à observer sur le pronom *on?*

232. Quand est-ce qu'après *chacun* il faut mettre *son*, et quand est-ce qu'il faut mettre *leur?*

233. Qu'y a-t-il à observer sur *autrui?* — **234.** Sur *personne?* — **235.** Sur *l'un l'autre?*

236. De quelles expressions le pronom ne peut-il pas tenir la place?

CHAPITRE VI.

VERBE.

Sur le verbe en général.

237. 1° Le verbe est le mot par excellence, le mot sans lequel on ne peut pas faire la moindre phrase, puisque sans un verbe, au moins sous-entendu, il est impossible de former un sens.

2° Tout verbe présente deux idées bien distinctes: 1° l'idée d'une *action* ou *d'un état en général;* 2° l'idée du *mode,* du *temps,* du *nombre* et de la *personne.*

La première de ces idées est exprimée par le radical; la seconde, par la terminaison ou désinence. Ainsi dans *ils chanteront,* le radical *chant* exprime d'une manière générale *l'action de chanter,* et la terminaison *eront* exprime *l'indicatif,* le *futur,* le *pluriel* et la *troisième personne.*

3° Il n'est point exact de dire que le verbe actif est ainsi nommé parce qu'il exprime l'action, puisqu'il y a des verbes actifs qui n'expriment aucune action, comme *sentir, souffrir.* D'un autre côté il y a des verbes qui expriment l'action et qui ne sont pas actifs, comme *partir*, *arriver*. Il eût été mieux de diviser les verbes en verbes *d'action* et en verbes *d'état*.

Sujet du verbe.

258. 1° Tout verbe doit avoir un sujet, exprimé ou sous-entendu. Quand on dit : *L'astre paraît, s'élève et remplit tout de sa lumière*, le verbe *paraît* a son sujet exprimé, c'est *l'astre*; mais les verbes *s'élève* et *remplit* ont le leur sous-entendu, c'est *il*. Dans cette phrase : *Soyons dociles à la voix de la raison*, le verbe *soyons* a son sujet sous-entendu, c'est *nous*.

2° Excepté les cas où il est répété par pléonasme, le sujet d'un verbe ne doit être exprimé qu'une seule fois. Ce serait donc une faute de dire : *Joseph, en voyant Benjamin*, IL *en ressentit une grande joie.*

3° Logiquement parlant, un verbe ne devrait jamais avoir qu'un seul sujet, et même qu'un sujet singulier, puisque chaque être fait son action individuellement; mais, de même que le besoin d'abréger a fait inventer le pluriel des noms, afin de désigner par un seul mot un certain nombre d'objets, de même aussi on n'a mis qu'un seul verbe pour plusieurs sujets qui font tous la même action, afin de ne pas répéter ce verbe autant de fois qu'il y a de sujets. C'est ainsi qu'au lieu de dire : *La patience triomphe de tout, et la douceur triomphe de tout*, on a dit : *La patience et la douceur triomphent de tout*. C'est donc le besoin d'abréger qui a fait aussi inventer le pluriel des verbes.

4° Il ne faut pas croire pour cela que chaque fois qu'un verbe a plus d'un sujet, il faille le mettre au pluriel; car il existe un certain nombre de cas où il doit être mis au singulier, les voici :

1er cas. On met le verbe au singulier, quoique avec plusieurs sujets, lorsque ces sujets sont à peu près synonymes et au singulier, parce que ces noms sont censés n'offrir qu'une seule idée. Exemple : *Sa* CANDEUR, *sa* FRANCHISE PRÉVIENT *en sa faveur*. Mais il ne faudrait pas que ces noms eussent entre eux la conjonction *et*.

2e cas. On met encore le verbe au singulier, lorsque les noms qui forment le sujet constituent une gradation et que le dernier est au singulier. Exemple : *Un* JOUR, *une* HEURE, *un* MOMENT A SUFFI *pour renverser ce trône, qui semblait inébranlable*. La raison en est que le dernier nom est regardé comme étant le seul sujet, le verbe étant sous-entendu après chacun des autres ; mais il ne faut pas non plus que la conjonction *et* se trouve entre ces noms.

3e cas. Le verbe se met aussi au singulier quand le dernier des mots qui forment le sujet représente à lui seul tous les autres. Exemple : *Les* FORTUNES, *les* GLOIRES, *les* JOIES *de la terre*, TOUT *aboutit à une étroite tombe*. C'est que, dans ces sortes de phrases, il n'y a que le dernier mot qui soit réellement sujet, les autres ont le verbe sous-entendu après chacun d'eux.

C'est par le même principe qu'on met ordinairement le verbe au singulier, lorsque le sujet est formé de plusieurs noms verbaux qui se trouvent ensuite tous représentés par le pronom *ce*. Exemple : NAITRE, SOUFFRIR *et* MOURIR, CE FUT *toujours toute l'histoire de l'homme*. Il est évident qu'il n'y a que *ce* qui soit le véritable sujet, et que le verbe est encore sous-entendu après chacun des noms verbaux.

Mais si on ne mettait pas *ce* devant le verbe, l'usage permettrait d'employer indifféremment le singulier ou le pluriel. Exemple : *Bien* ÉCOUTER *et bien*

RÉPONDRE EST *une des grandes perfections de la conversation.* (LA ROCHEFOUCAULD.) *Bien* DIRE *et bien* PENSER *ne* SONT *rien sans bien faire.* (LA CHAUSSÉE.)

4ᵉ *cas.* On met également le verbe au singulier après un sujet composé, lorsque ce sujet est formé de deux mots qui ont entre eux la conjonction *ou,* mais seulement lorsqu'il s'agit d'un fait particulier et lorsque les mots du sujet sont de la troisième personne. Exemple : *C'est le soleil ou la terre qui* TOURNE.

Mais s'il s'agissait d'un fait général, ou si les mots du sujet étaient de différentes personnes, on mettrait le verbe au pluriel. Exemple : *Le* BONHEUR *ou la* TÉMÉRITÉ ONT DU *faire des héros.—*TOI *ou* TON FRÈRE *me* RENDREZ *ce service.*

5ᵉ *cas.* 1° On met aussi le verbe au singulier lorsqu'il a deux sujets singuliers entre lesquels est la conjonction *ni;* mais pour cela il faut que les deux sujets ne puissent pas faire la chose en même temps. Exemple : *Ni* TON FRÈRE *ni* LE MIEN *n'*OBTIENDRA *le prix.* Autrement, le verbe pourrait se mettre également au singulier et au pluriel. Exemple : *Ni* L'UN *ni* L'AUTRE *n'*A *ou* N'ONT *assez travaillé.* Toutefois, le pluriel est plus en usage.

2° Après deux sujets unis par *comme, ainsi que, de même que* et autres expressions analogues, le verbe se met au singulier, si toutefois le premier des sujets est singulier. Exemple : *L'*HOMME, *ainsi que l'*ANGE, *est une intelligence.* Il est évident que le second des noms est sujet d'un verbe sous-entendu : *L'*HOMME *est une intelligence, ainsi que l'*ANGE *est une intelligence.*

Sujet de différentes personnes.

239. Lorsque le sujet est composé de différentes

personnes, on met le verbe au pluriel et à la plus noble des personnes. Exemple : Vous *et* MOI, *nous* SOMMES *contents de notre sort.* (ACADÉMIE.)—*Vous me* SEREZ *toujours très-chers,* VOUS *et* VOTRE FRÈRE.

Nom collectif sujet.

240. A quel nombre faut-il mettre le verbe, lorsqu'il a pour sujet un nom collectif ? La plupart de nos écrivains ayant mis, dans ce cas, tantôt le singulier et tantôt le pluriel, il n'est pas possible de donner de règle absolue ; mais voici ce qu'on peut établir :

Dans le collectif et son complément, lesquels forment ensemble le sujet logique, cherchez le mot qui frappe le plus l'esprit, et faites-en le sujet du verbe. Exemple : *Une multitude innombrable d'Indiens* FUT ÉGORGÉE. (MARMONTEL.) C'est la *multitude,* c'est le grand nombre d'Indiens égorgés qui frappe l'esprit. — *Une multitude d'animaux, placés dans ces belles retraites par la main du Créateur, y* RÉPANDENT *l'enchantement et la vie.* (CHATEAUBRIAND.) Ce sont les *animaux,* plutôt que la *multitude,* qui répandent cet enchantement. D'après ce principe, on dira : *Une foule d'enfants* ENCOMBRA *la rue,* et *Une foule d'enfants* COURURENT *au devant de moi.* Egalement : *Une nuée de traits* OBSCURCIT *l'air,* et *une nuée de barbares* DÉSOLÈRENT *le pays.*

Quelquefois le complément du collectif est sous-entendu, ce qui ne l'empêche pas d'être sujet du verbe. Exemple : *Beaucoup* PRIRENT *la fuite,* c'est-à-dire : *Beaucoup de soldats, beaucoup de personnes.* C'est ainsi que *la plupart* veut toujours le verbe au pluriel : *La plupart le* DISENT, à moins qu'il ne soit suivi d'un nom singulier ; car alors le verbe se met au singulier, comme : *La plupart du monde le* DIT.

Plus d'un, quoique réveillant une idée de pluriel, veut le verbe au singulier. Exemple : PLUS D'UNE *Pénélope* HONORA *son pays.* (BOILEAU.) Toutefois, si le verbe était réciproque, il faudrait bien le mettre au pluriel, comme : *A Paris*, PLUS D'UN *fripon* SE TROMPENT *l'un l'autre.* (MARMONTEL.)

Place du sujet.

241. Naturellement le sujet se place avant le verbe ; cependant il y a plusieurs cas où il se met après :

1° Lorsque la phrase est interrogative. Exemple : *Dois*-JE *mal faire, parce que d'autres font mal ?*

2° Quand le verbe exprime un vœu. Exemple : *Que ne puis*-JE *vous être utile !* — *Puissé*-JE *vous être utile !*

3° Pour remplacer les mots *lorsque, si, quand même*. Exemple : *Avoue-t*-IL *sa faute, on la lui pardonne*, c'est-à-dire : LORSQU'*il avoue sa faute*.....— *Serait*-ON *assuré de l'impunité, on ne doit pas pour cela commettre une faute*, c'est-à-dire : QUAND MÉME *on serait assuré...*

4° Le sujet se place encore après le verbe à la suite des mots *ainsi, à peine, au moins, aussi, du moins, encore, en vain, peut-être, tel, toujours.* Exemple : PEUT-ÊTRE *a-t*-IL *raison.* TOUJOURS *faut*-IL *mourir.* On pourrait aussi, dans ces cas, mettre le sujet avant le verbe ; mais la phrase aurait moins de vivacité.

5° Dans les phrases exclamatives qui ont une négation. Exemple : *Que de merveilles ne découvre-t*-ON *pas dans la nature !*

Complément du verbe.

Un seul complément pour deux verbes.

242. 1° Il faut donner à chaque verbe le complément qu'il exige. Exemple : *La mort n'épargne personne.—Les excès nuisent à la santé.*

Mais un nom peu fort bien servir de complément à deux verbes, pourvu que ces deux verbes demandent le même complément. On dira donc : *Il déteste et fuit* LE MENSONGE, parce que *détester* et *fuir* veulent le même complément. On ne dira pas : *Le souverain Créateur préside et règle* LE MOUVEMENT DES ASTRES, parce que *présider* et *régler* ne veulent pas le même complément. Il faut dire : *Le souverain Créateur préside* AU MOUVEMENT *des astres et* LE *règle.*

Jamais deux fois le même complément sur un verbe.

2° Il faut prendre garde d'exprimer deux fois le même complément sur un seul verbe. On ne dira donc pas : *C'est* DE DIEU DE QUI *nous tenons tout,* parce que le verbe *tenons* aurait deux fois Dieu pour complément, une fois exprimé par le mot *Dieu,* et une autre fois par le mot *qui.*

Il y aurait la même faute dans la phrase suivante : *C'est là où je vais, c'est-à-dire : C'est* DANS CE LIEU DANS LEQUEL *je vais.* Mais il n'y aurait pas de faute si l'on disait : *Là où je vais, il veut venir,* parce que *là* tombe sur *venir,* et *où* sur *je vais, c'est-à-dire : Il veut venir là où je vais.*

DE ou PAR *devant le complément du passif.*

243. Le complément du verbe passif est toujours précédé de *de* ou de *par.* Or, l'opinion la plus générale est qu'on doit mettre *de* quand il s'agit d'un sentiment du cœur, comme : *Il est doux d'être aimé* DE *tout le monde* ; et *par*, lorsqu'il s'agit d'une opération de l'esprit ou du corps, comme : *L'emploi de la vapeur a été inventé* PAR *un Français.* — *Rome fut prise* PAR *les Gaulois.*

Compléments réunis par ET, NI, OU.

244. En général, les conjonctions *et, ni, ou*, ne doivent réunir que des compléments de même nature, c'est-à-dire un nom avec un nom (ou un pronom), un nom verbal avec un nom verbal, une proposition avec une proposition. Il serait donc peu correct de dire : *L'enfant aime le* JEU *et* A FOLATRER. — *Le boudeur montre un mauvais* CARACTÈRE, *ou qu'il* A ÉTÉ MAL ÉLEVÉ.

Place des compléments.

245. Si un verbe a deux compléments, l'un direct et l'autre indirect, il est naturel de placer le direct le premier. Exemple : *Il faut être insensé pour sacrifier l'éternité au temps.* (BOURDALOUE.) A moins que la clarté n'exige que le direct soit le dernier, comme dans le cas où il serait sensiblement plus long que l'indirect. Exemple : *L'hypocrite s'étudie à parer des dehors de la vertu les vices les plus honteux et les plus décriés.* Ou bien encore dans le cas où le complément direct aurait après lui un relatif, comme : *Cet aimable enfant porta aux autels un cœur que le vice n'avait pas encore souillé.* De même, il a fallu dans la phrase suivante mettre le complément direct le dernier : *Vous ramènerez par la douceur les esprits égarés.* On n'eût pas pu dire : *Vous ramènerez les esprits égarés par la douceur.*

Point de complément au verbe ÊTRE.

246. Les principales fonctions du verbe *être* sont d'exprimer : 1° l'*existence*, comme : *Dieu* EST, c'est-à-dire : *Dieu existe*; 2° la *concordance* entre deux idées, comme : *Dieu* EST *juste*. Or, les idées d'existence et de concordance sont des idées simples et complètes ; elles n'ont pas besoin de complément. Le verbe *être* n'a donc jamais aucune sorte de complément.

Être et avoir auxiliaires des verbes neutres.

I. *Verbes neutres qui ne prennent que* AVOIR.

246. bis. La plupart des verbes neutres se conjuguent avec l'auxiliaire *avoir*, comme : *Dormir, j'*AI *dormi ; marcher, j'*AI *marché*.

Remarquez que *courir, paraître, succomber* et *survivre*, qu'on a quelquefois, mais à tort, conjugués avec *être*, doivent toujours prendre *avoir* : *J'*AI *couru, j'*AI *paru, j'*AI *succombé, j'*AI *survécu*.

II. *Verbes neutres qui ne prennent que* ÊTRE.

247. Il y a sept verbes qui ne se conjuguent qu'avec *être*; ce sont : *Aller, arriver, décéder, éclore, mourir, naître* et *venir*.

III. *Verbes neutres qui prennent* AVOIR *et* ÊTRE.

248. Enfin, il y a un assez grand nombre de verbes neutres qui prennent tantôt *avoir* et tantôt *être*, selon le sens dans lequel ils sont employés. Ils prennent avoir lorsqu'ils expriment l'*action*, comme : *Il* A *passé en Amérique l'année dernière*. Ils prennent *être* lorsqu'ils expiment l'*état*, comme : *Il y a un an qu'il* EST *passé en Amérique*, c'est-à-dire qu'il est dans l'état d'un homme passé en Amérique.

D'après ce principe, on dira :

La rivière A *baissé tout hier*, et *La rivière* EST *baissée depuis hier*.

Le vent A *cessé pendant deux heures*, et *Le vent* EST *cessé depuis deux heures*.

Le baromètre A *descendu ce matin*, et *Le baromètre* EST *descendu depuis ce matin*.

Remarques sur quelques verbes neutres.

249. ECHAPPER. Outre les sens ordinaires d'action et d'*état* que donnent à *échapper* les verbes *avoir* et *être*, il reçoit encore de chacun de ces verbes une signification particulière. Avec *avoir*, il se dit d'une chose qu'on n'a pas remarquée, comme : *Cette observation m'*AVAIT *échappé*. Avec *être*, il signifie qu'on a fait une chose par inadvertance, par imprudence, comme : *Cette parole m'*EST *échappée*.

VENIR. Quoique *venir* ne prenne que l'auxiliaire *être*, il n'en est pas de même de ses composés. Ainsi, *convenir* prend *avoir* quand il signifie *être du goût de*. Exemple : *Cette proposition m'*A *convenu* ; et il prend *être* quand il signifie *faire une convention*. Exemple : *Nous* SOMMES *convenus de cela* Contrevenir et *subvenir* ne prennent jamais qu'*avoir*. Exemple : *Ils* ONT *contrevenu à vos ordres*. — *Vous* AVEZ *subvenu à leurs besoins*. Tous les autres composés de *venir*, comme *devenir*, *revenir*, *parvenir*, etc., se conjuguent comme *venir*.

Remarquez aussi que le composé *circonvenir* est actif : *Ils nous ont circonvenus* ; que, par conséquent, il a un passif : *Je suis circonvenu*.

Paraître. On a vu que *paraître* se conjugue avec *avoir*; il en est de même de *comparaître* et *reparaître* : *Ils* ONT *comparu, ils* ONT *reparu.* Mais *apparaître* et *disparaître* prennent *avoir* ou *être* selon qu'ils expriment l'action ou l'état.

Être *employé pour* ALLER.

250. On n'emploie le verbe *être* pour *aller* que lorsqu'on n'est plus dans le lieu où l'on est allé. On pourra donc dire: *J'ai* ÉTÉ *à Rome l'année dernière,* parce que j'en suis revenu. C'est comme si je disais: *J'ai* EXISTÉ *à Rome l'année dernière.* On ne dira donc pas d'un homme qui est mort: IL A ÉTÉ *rejoindre ses pères;* il faut dire : IL EST ALLÉ.

Emploi des modes.

251. Les modes dont l'emploi présente quelque difficulté sont l'*indicatif* et le *subjonctif.* Il faut en bien connaître la nature, si l'on veut éviter de les employer l'un pour l'autre, ce qui n'arrive que trop souvent aux personnes peu exercées dans la langue.

L'indicatif, auquel conviendrait mieux le nom de *positif* ou d'*affirmatif,* que lui donnent quelques grammairiens, est le mode de la *certitude* ; il affirme la chose d'une manière positive.

Le subjonctif, au contraire, est le mode de *l'incertitude* et du *doute,* et il est toujours dépendant d'un autre verbe placé avant lui, exprimé ou sous-entendu.

On dira donc avec l'indicatif :

Je choisirai une retraite qui me PLAÎT, *où je* SERAI *tranquille, dans laquelle je* POURRAI *recevoir mes amis ; en un mot, qui me* CONVIENT *sous tous les rapports.*

Et avec le subjonctif :

Je choisirai une retraite qui me PLAISE, *où je* SOIS *tranquille, dans laquelle je* PUISSE *recevoir mes amis; en un mot, que me* CONVIENNE *sous tous les rapports.*

On a mis l'indicatif dans la prmière phrase, parce qu'il y a *certitude* : *Je sais certainement que la retraite que je choisirai jouit de tous ces avantages, je la connais déjà.*

On a mis le subjonctif dans la seconde phrase, parce qu'il y a *incertitude* : *Je désire que la retraite que je choisirai jouisse de tous ces avantages; mais j'ignore si elle les aura : je ne l'ai pas encore trouvée.*

D'après ce qui vient d'être dit, on voit que, dans l'emploi de l'indicatif et du subjonctif, ce ne sont pas les mots pris matériellement qu'il faut considérer, mais le sens de la pensée. On ne peut donc guère donner que cette règle : Chaque fois que vous avez l'intention de dire une chose sur laquelle il n'y a point d'incertitude, mettez l'indicatif; dans le cas contraire, mettez le subjonctif.

Cependant, comme il faut aux étudiants des règles moins générales, nous allons en présenter quelques-unes, qui sont déduites de ce que nous venons de dire.

I.

252. Mettez le second verbe au subjonctif, parce que le premier jette sur le second une idée d'incertitude, chaque fois que ce premier exprime la *volonté*, le *commandement* ou la *nécessité*, le *désir* ou la *crainte*, le *doute*, ou la *supposition*, la *négation* ou une *interrogation* réelle.

Exemples.

Quand Dieu EXIGE *que nous* CONSENTIONS *à être ses sujets, il veut que nous* CONSENTIONS *à être ce que nous sommes.* (BOSSUET.) Volonté.

Dès ce moment ORDONNEZ *que je* PARTE. (RACINE.) Commandement.

Il EST JUSTE, *Seigneur, qu'un meurtrier* PÉRISSE. (CORNEILLE.) Nécessité.

Je NE VOUDRAIS PAS ASSURER *qu'on le* DOIVE *écrire.* (BOILEAU.) Doute.

Il serait absurde de SUPPOSER *que des envoyés de Dieu* ENSEIGNASSENT *l'erreur.* (DE LAMENNAIS.) Supposition.

La loi de Dieu N'ORDONNE *rien qui* NE SOIT *conforme aux véritables intérêts de l'homme.* (MASSILLON.) Négation.

Qui POURRAIT DIRE *que l'existence d'un Dieu rémunérateur et vengeur* SOIT *un mystère incompréhensible ?* (VOLTAIRE.) Interrogation.

CROYEZ-VOUS *donc que ce bel univers* S'EST CRÉÉ *lui-même ?* (FÉNELON). Ici l'interrogation n'est pas réelle ; elle n'est qu'un tour oratoire ; aussi on n'a pas mis le subjonctif.

II. *Veulent aussi le subjonctif après elles, certaines expressions, savoir :*

253. 1° Les expressions superlatives. Exemple :
Si ma religion est fausse, je l'avoue, voilà le piége LE MIEUX *dressé qu'il* SOIT *possible d'imaginer.* (LA BRUYÈRE.)

L'Évangile est LE PLUS *beau présent que Dieu* AIT FAIT *aux hommes.* (MONTESQUIEU.)

2° Les expressions exclusives, *le seul... qui ou que, le premier, le second, etc.; le dernier.... qui ou que, il n'y en a aucun qui ou que, il n'y a que, il n'y a rien qui ou que, c'est peu que,* et autres expressions analogues ; sans doute parce que toute expression exclusive tient plus ou moins du superlatif. Exemple :

On peut dire que le chien est LE SEUL *animal* DONT *la fidélité* SOIT *à l'épreuve.* (BUFFON.)

Les intérêts de la vanité sont LES DERNIERS QU'on DOIVE *ménager.* (GEOFFROY.)

Mais pourquoi met-on le subjonctif après les expressions superlatives et exclusives, lesquelles cependant ne paraissent pas présenter une idée d'incertitude? C'est une question à laquelle il n'est pas facile de répondre. Déjà les Latins en faisaient autant. Peut-être est-ce pour adoucir ce que l'expression superlative ou exclusive a de trop fort ou de trop tranchant.

5° On met encore le subjonctif après *quelque... que, si... que, qui, que, quoique, pourvu que, au cas que, en cas que, quoique, bien que, encore que, pour que, afin que, avant que, sans que, soit que, c'est assez que, il suffit que,* et un grand nombre de verbes unipersonnels. Exemple : QUELQUE *effort* QUE FASSENT *les hommes, leur néant paraît toujours.* (BOSSUET.)

POURVU QU'on SACHE *la passion dominante de quelqu'un, on est sûr de lui plaire.* (PASCAL.)

Observation sur ces règles.

Il faut observer qu'il y a un certain nombre de verbes qui veulent après eux l'indicatif, quoiqu'ils semblent offrir une idée d'incertitude, comme *s'imaginer, se douter, présumer, soupçonner, espérer, il paraît, il est vraisemblable,* etc. Exemple: JE SOUPÇONNE, JE PRÉSUME, IL PARAÎT, J'ESPÈRE *que la chose* ARRIVERA *ainsi.* (ACADÉMIE.)

Il n'est guère possible d'en donner d'autre motif que la bizarrerie de l'usage.

Emploi des temps.

Présent de l'indicatif.

254. Le *présent de l'indicatif* est quelquefois employé pour exprimer le futur et le passé. Exemple : *Si vous* MANGEZ *de ce fruit, dit Dieu à Adam, vous mourrez,* c'est-à-dire : *Si vous* MANGEREZ....—*Adam* MANGE *du fruit, et notre perte* EST CONSOMMÉE, c'est-à-dire : *Adam* MANGEA.., *et notre perte* FUT CONSOMMÉE.

D'autres fois, il indique, non une chose qui se fait au moment où l'on parle, mais une chose qu'on est dans l'habitude actuelle de faire, comme *Il* ÉCRIT *mieux qu'il ne* PARLE.

Imparfait de l'indicatif.

255. L'*imparfait* est ainsi nommé parce qu'il exprime un temps qui n'est pas entièrement déterminé par la forme du verbe ; il marque un temps présent relativement à une autre époque *passée*, *présente* ou *future*. Exemple :

Je partais { *quand il entra* : passé.
{ *à l'instant, sans cet accident* : présent.
{ *demain, sans cette lettre* : futur,

REMARQUE. Après *si*, l'imparfait de l'indicatif s'emploie pour le présent du conditionnel. Exemple : *Il pourrait réussir s'il le* VOULAIT *bien*, pour *s'il le* VOUDRAIT *bien*.

Passé défini et passé indéfini.

256. Le *passé défini* diffère du *passé indéfini* en ce qu'il marque un passé dont le temps est déterminé, circonscrit en quelque sorte, tandis que le passé *indéfini* ne marque qu'un passé vague. On peut employer l'*indéfini* toutes les fois que la chose est passée, quel que soit le temps où elle ait eu lieu; mais le *défini* ne s'emploie que lorsque la chose est complètement passée et qu'il n'en reste plus rien; il est donc circonscrit dans une époque tout à fait écoulée. On ne pourrait donc pas dire avec le passé défini : *Il* TOMBA *beaucoup de pluie ce mois-ci*, parce que le temps dont il s'agit, le *mois*, n'est pas entièrement passé. Il faut, dans ce cas, le passé indéfini : *Il* EST TOMBÉ... Mais on dira avec le passé défini : *Il* TOMBA *beaucoup de pluie le mois dernier*, *la semaine passée*, parce que l'époque est tout à fait passée.

L'usage ne veut pas même qu'on emploie le passé défini s'il n'y a pas au moins un jour d'écoulé. On dira bien : *Il* PARTIT *hier;* mais on ne pourra pas dire : *Il* PARTIT *ce matin*.

Passé antérieur défini et passé antérieur indéfini.

257. Les passés antérieurs s'emploient pour exprimer une action qui était déjà faite lorsqu'une a eu lieu; ils tiennent de la nature du plus-que-parfait. Exemple : *Lorsque j'*EUS LU, *je sortis.* — *Lorsque j'*AI EU LU, *je suis sorti.* On voit que l'action de *lire*, exprimée par les passés antérieurs, était déjà faite lorsqu'a eu lieu l'action de *sortir*, qui est elle-même passée.

On peut remarquer aussi que le passé antérieur défini *j'eus lu* correspond au passé défini simple *je sortis*, et que le passé antérieur indéfini *j'ai eu lu* correspond au passé indéfini simple *je suis sorti*.

Plus-que-parfait de l'indicatif.

257 *bis*. Ainsi que l'indique son nom, le plus-que-parfait exprime un temps en quelque sorte plus que passé, une chose qui était déjà passée lorsqu'une autre a eu lieu; c'est comme un double parfait. Exemple : *Les eaux* S'ÉTAIENT RETIRÉES *lorsque Noé sortit de l'arche.* La retraite des eaux avait eu lieu lorsque se fit la sortie de Noé. On pourrait dire que le plus-que-parfait est un passé derrière un autre passé.

Remarquez qu'après *si,* le plus-que-parfait de l'indicatif s'emploie pour le passé du conditionnel. Exemple: SI VOUS L'AVIEZ CONNU, *vous ne l'auriez pas fréquenté,* c'est-à-dire : *Si vous* l'EUSSIEZ CONNU, ou encore : *Si vous* l'AURIEZ CONNU, qui ne se dit pas.

Futur absolu.

258. Il n'y a aucune observation à faire sur le *futur absolu* de l'indicatif, sinon qu'il s'emploie quelquefois pour commander comme : *Les dimanches* TU GARDERAS, c'est-à-dire: GARDE *les dimanches.*

Futur passé.

259. Le *futur passé* est ainsi nommé parce qu'il exprime tout à la fois le futur et le passé. Dans cette phrase : *Lorsque j'*AURAI LU *ce livre, je le rendrai;* j'aurai lu exprime le *futur* par rapport au moment où je parle, puisque je n'ai pas *encore lu* ; et le *passé* par rapport à l'action de rendre, puisque le livre *sera lu* lorsque je le rendrai.

Présent du conditionnel.

260. Le *présent du conditionnel* s'emploie aussi pour exprimer le futur, comme quand on dit : J'É-CRIRAIS *demain, si j'avais le temps,* c'est-à-dire : J'ÉCRIRAI *demain, si j'ai le temps.*

Passé du conditionnel.

261. On trouve assez souvent le *passé du conditionnel* employé pour un passé de l'indicatif avec une idée d'incertitude, comme : *Eh quoi ! il m'*AURAIT TROMPÉ ! pour : *Eh quoi ! il m'*A TROMPÉ !

Le temps qu'on appelle *passé du conditionnel* s'emploie aussi dans le sens d'un futur passé conditionnel, comme dans cette phrase : *Je* SERAIS ALLÉ *demain vous voir avant midi, si j'avais été bien portant.*

Présent de l'impératif.

262. Le *présent de l'impératif* sert aussi pour exprimer le futur, comme: ÉCRIVEZ-*moi dès que vous serez arrivé.*

Il est à remarquer que le mode impératif sert non-seulement à commander, mais encore à exhorter et à exciter, comme: PRENEZ *courage, ne* CRAIGNONS *rien.* Il sert aussi à prier, comme : *Mon Dieu !* AYEZ *compassion de moi.*

Futur passé de l'impératif.

263. Ce temps, qu'ont omis jusqu'à présent la plupart des grammairiens, n'en existe pas moins dans la langue; il est même fort usité. Lorsque je dis : AYEZ FINI *quand j'arriverai,* les mots *ayez fini* commandent une action pour l'avenir, c'est un *futur;* mais cette action devra être faite lorsque j'arriverai ; c'est un *futur passé.*

Présent, imparfait, parfait et plus-que-parfait du subjonctif.

264. On a vu que le verbe au subjonctif est sous

la dépendance d'un autre verbe ; cependant, c'est moins ce dernier qui influe sur l'emploi des temps du subjonctif, que la pensée que l'on a en vue d'exprimer. Donc :

I. On emploie le présent ou futur du subjonctif chaque fois qu'on veut exprimer une chose à venir, présente, ou vraie encore au moment où l'on parle. Exemples :

Je ne PENSE *pas qu'il* PLEUVE $\left\{\begin{array}{l}\textit{demain, futur,}\\ \textit{maintenant, présent.}\end{array}\right.$

*C'*ÉTAIT *une des plus belles fêtes* QU'ON PUISSE *voir.* (DE SÉVIGNÉ.)

Dieu A ENTOURÉ *les yeux de tuniques fort minces, transparentes au devant, afin que l'on* PUISSE *voir à travers.* (D'OLIVET.)

Je ne VOUDRAIS *pas assurer qu'on le* DOIVE *écrire.* (BOILEAU.)

On lit dans l'Evangile : *Dieu a envoyé son Fils afin que le monde* SOIT SAUVÉ.

Dans ces quatre derniers exemples, la chose est encore vraie au moment où l'on parle.

II. 1ᵉʳ *cas.* Toutefois, lorsque le premier verbe est à un temps passé (l'imparfait, un des parfaits ou le plus-que-parfait), le second exprime presque toujours le passé, et par conséquent se met presque toujours à l'imparfait du subjonctif. Exemple : *Il* VOULAIT, *il* VOULUT, *il* A VOULU, *il* EUT VOULU, *il* AVAIT VOULU *que* JE FUSSE *son ami. Que* JE FUSSE *exprime ici un passé.*

2ᵉ *cas.* Comme l'imparfait du subjonctif renferme une idée de condition, de supposition, on emploie ce temps chaque fois que, par le second verbe, on veut exprimer une idée de cette nature. Exemple :

Je ne crois pas que vous me JUGEASSIEZ *sans m'en-*

tendre. (**J.-J. ROUSSEAU**.) *On craint qu'il* N'ESSUYAT *les larmes de sa mère.* (RACINE.) *Ce n'est pas qu'on* DISPUTAT *rien aux rois.* (BOSSUET.)

3e cas. C'est parce que l'imparfait renferme ainsi une idée de condition qu'on l'emploie ordinairement après le conditionnel. Exemple: *Je* DÉSIRERAIS, *j'*AURAIS DÉSIRÉ *que nous* ALLASSIONS *le voir.*

III. On emploie le parfait du subjonctif toutes les fois qu'on veut exprimer un passé, soit absolu, soit futur. Exemple: *Me répondez-vous qu'on* M'AIT DÉFAIT *d'Egiste?* (VOLTAIRE.) *Qu'on m'ait défait* exprime un passé absolu. — *Il a fallu que mes malheurs m'*AIENT INSTRUIT *pour m'apprendre ce que je ne voulais pas croire.* (FÉNELON.) M'AIENT INSTRUIT exprime également un passé absolu. — *Si vous attendez que Philoclès* AIT CONQUIS *l'île de Carpathie. il ne sera plus temps d'arrêter ses dessseins.* (FÉNEL.) AIT CONQUIS exprime un passé futur.

IV. Si, au lieu d'un simple passé, on avait à exprimer un passé antérieur, ou un passé conditionnel, ou un futur passé conditionnel, on emploierait le plus-que-parfait au lieu du parfait ou de l'imparfait. Exemple: *Il* AVAIT VOULU, *il* VOULUT, *il* A VOULU. *il* EUT VOULU *que* J'EUSSE FINI *avant qu'il vint. Que* J'EUSSE FINI exprime un passé antérieur. — *Il* FAUDRAIT *que tu* EUSSES FINI *ce travail hier, car aujourd'hui c'est trop tard. Que tu* EUSSES FINI exprime un passé conditionnel. — *Il* FAUDRAIT *qu'il* EUT FAIT *cet ouvrage demain matin, s'il voulait partir. Qu'il* EUT FAIT exprime un futur passé conditionnel, — *Je ne pense pas que cette affaire* EUT RÉUSSI *sans votre intermédiaire.* (WAILLY.) EUT RÉUSSI exprime un passé conditionnel.

QUESTIONNAIRE.

237. Quel est le mot par excellence ? — Quelles idées distinctes présente le verbe ?

238. Dans quels cas le verbe est-il à un mode personnel ? — Dans quels cas le verbe, précédé de plus d'un sujet, reste-t-il cependant au singulier ?

239. A quelle personne se met le verbe qui a un sujet composé de mots de différentes personnes.

240. A quel nombre faut-il mettre le verbe qui a pour sujet un collectif ?

241. Où se place le sujet du verbe ?

242. Dans quel cas un nom peut-il servir de complément à deux verbes ? — Peut-on exprimer plusieurs fois le même complément sur un seul verbe ?

243. Dans quel cas met-on *de* devant le complément du verbe passif ? — Dans quel cas met-on *par* ?

244. De quelle nature doivent être les parties du complément pour qu'elles puissent être réunies par les conjonctions *et, ni, ou* ?

245. Lorsqu'un verbe a deux compléments, dans quel ordre faut-il les placer ?

246. Quelles sont les principales fonctions du verbe *être* ?

246 bis. Quels verbes neutres prennent *avoir* dans leurs temps composés ? — **247.** Lesquels prennent *être* ? — **248.** Lesquels prennent *avoir* et *être*, selon le sens dans lequel ils sont employés ?

249. Quelle remarque y a-t-il à faire sur les verbes *échapper, venir, paraître* ?

250. Dans quel cas emploie-t-on *être* pour *aller* ?

251. — 252. — 253. Quelles sont les règles sur l'emploi des modes ?

254. Quelles sont les règles de l'emploi du présent de l'indicatif ? — **255,** de l'imparfait ? — **256,** du passé défini et du passé indéfini ? — **257,** du passé antérieur défini et du passé antérieur indéfini ? — **257 bis,** du plus-que-parfait ? — **258,** du futur absolu ? — **259,** du futur passé ? — **260,** du présent du conditionnel ? — **261,** du passé du conditionnel ? — 262, du présent de l'impératif ? — 263, du futur passé de l'impératif ? 264, du présent, de l'imparfait, du parfait et du plus-que-parfait du subjonctif?

CHAPITRE VII.

PARTICIPE.

Sur le participe présent.

265. Lorsque le mot en *ant* est accompagné d'un adverbe ou d'une expression adverbiale, on a remarqué que si cet adverbe ou cette expression adverbiale est placée avant lui, il est *adjectif*; si, au contraire, l'adverbe ou l'expression adverbiale est placée après, il est *participe*. Exemple : *La plaine au loin* RETENTISSANTE ; *les plaisirs en foule* RENAISSANTS ; *ses cendres encore* FUMANTES; ici l'adverbe ou l'expression adverbiale est devant le mot en *ant*, ce mot est adjectif. *La plaine* RETENTISSANT *au loin, les plaisirs* RENAISSANT *en foule; ses cendres* FUMANT *encore*; ici l'adverbe ou l'expression adverbiale est après, le mot en *ant* est participe.

Sur le participe passé.

I. QUE *complément, non d'un participe, mais d'un verbe placé après.*

266. 1. *Les sciences qu'il a* VOULU *étudier.* Il a voulu *quoi? — Étudier lesquelles sciences.* Le complément ne précède pas ; point d'accord.

2. *Ma tante que vous avez* VU *peindre par un habile artiste.* Vous avez vu quoi ? *Peindre laquelle tante.*

Le complément ne précède pas ; point d'accord.

3. *Les fables que je lui ai* ENTENDU *réciter.* J'ai entendu *quoi ?* — *Réciter* lesquelles *fables* par lui. Le complément ne précède pas ; point d'accord.

4. *Les mathématiques que j'ai* SU *que vous appreniez.* J'ai su *quoi ?* — *Que vous appreniez* lesquelles *mathématiques.* Le complément ne précède pas ; point d'accord.

5. *Les fruits verts qu'on a* LAISSÉ *manger à cet enfant.* On a laissé *quoi ?* — *Manger,* l'action de manger lesquels *fruits verts.* Le complément ne précède pas ; point d'accord.

6. *L'affaire que je leur ai* LAISSÉ *arranger.* J'ai laissé *quoi ?* — *Arranger* laquelle *affaire.* Le complément ne précède pas ; point d'accord.

II. *Quelquefois le complément du participe est sous-entendu.*

267. 1. *Il a fait toutes les démarches qu'il a* DU *c'est-à-dire qu'il a* DU *faire.* Le complément ne précède pas ; point d'accord.

2. *Il a obtenu toutes les faveurs qu'il a* VOULU, *c'est-à-dire qu'il a voulu obtenir.* Le complément ne précède pas ; point d'accord.

III. *D'autres fois le présent de l'infinitif placé après le participe est employé pour le participe présent, et par conséquent n'est pas complément.*

268. 1. *Les oiseaux que nous avons* ENTENDUS *chanter,* c'est-à-dire *que nous avons* ENTENDUS *chantant.* Le complément précède ; accord.

2. *Ma tante que vous avez* VUE *peindre, est satisfaite de son travail ;* c'est-à-dire *que vous avez* VUE *peignant.* Le complément précède ; accord.

3. *Les livres que j'ai* LAISSÉS *tomber*; c'est-à-d[i]
que j'ai LAISSÉS *tombant*, que je n'ai pas reten[u]
lorsqu'ils tombaient. Le complément précède; a[c]
cord.

4. *Les livres que j'ai* LAISSÉ *emporter*. J'ai lais[sé]
quoi? J'ai laissé *quelqu'un* emportant lesquels livre[s].
Le complément ne précède pas; point d'accord.

5. *Les cerises que j'ai* VU *cueillir*. J'ai vu *quoi*? J[ai]
vu *quelqu'un* cueillant lesquelles cerises. Le compl[é]
ment ne précède pas; point d'accord.

IV. *Cas où la difficulté consiste à distinguer l'antéc[é]*
dent du QUE *complément.*

269. 1. *Le peu de nourriture qu'il a* PRIS *l'a beau*[-]
coup affaibli. Puisqu'il a été affaibli, c'est parce qu[il]
n'a pris que *peu de nourriture*; *peu* est l'antécéde[nt]
du *que*.

2. *Le peu de nourriture qu'il a* PRISE *lui a rend*[u]
ses forces. C'est la *nourriture* et non le *peu* qui lui [a]
rendu ses forces; *nourriture* est l'antécédent du *qu*[e].

3. *C'est sa fille, aussi bien que son fils, qu'il a* DÉS[-]
HÉRITÉE. Il y a deux membres de phrase, puisqu[e]
c'est comme s'il y avait : *C'est sa fille qu'il a* DÉSHÉ[-]
RITÉE, aussi bien qu'*il a déshérité son fils*, *sa fille* es[t]
l'antécédent du *que*.

4. *C'est un cerf ou une biche qu'il a* TUÉ. La con[-]
jonction *ou* établit aussi deux membres de phrase [:]
C'est un cerf qu'il a TUÉ, *ou il a tué une biche*; *un cer*[f]
est l'antécédent du *que*.

5. *C'est un des plus savants médecins que j'ai* CON[-]
SULTÉ. J'ai consulté un médecin d'entre les plu[s]
savants; *un (médecin)* est antécédent.

6. *C'est un des plus savants médecins que j'aie* CON[-]
SULTÉS; c'est-à-dire, il est du nombre des plus sa[-]

nts médecins que j'ai consultés ; *les plus savants
médecins* est antécédent.

V. *Le participe* FAIT *est invariable quand il est suivi
immédiatement d'un présent de l'infinitif.*

270. 1. *Les soldats qu'on a* FAIT *partir.*
2. *Les maux qu'on nous a* FAIT *souffrir.*
3. *La joie qu'il vous a* FAIT *éprouver.*

Le motif de cet usage, c'est que le participe *fait*,
suivi immédiatement d'un présent de l'infinitif, ne
forme avec cet infinitif qu'une seule idée, et qu'il
n'est pas possible de séparer les deux mots : on les
considère donc comme n'en faisant qu'un.

VI. *Participe dans les verbes pronominaux.*

271. Le verbe pronominal est ou accidentel ou
essentiel.

PREMIÈREMENT. Si c'est un verbe pronominal accidentel, on le fait redevenir actif ou neutre en subs-
tituant l'auxiliaire *avoir* à l'auxiliaire *être* ; puis on lui
applique la seconde règle. Exemples :

1. *Elles se sont* TROMPÉES, c'est-à-dire *elles ont trompé* SOI : *se* est complément direct ; il précède , accord.

2. *Ils se sont* PARLÉ, c'est-à-dire *ils ont parlé* A
SOI ; *se* est complément indirect ; point d'accord.

3. *Ils se sont* LAISSÉS *aller à l'inquiétude* ; c'est-à-
dire *ils ont laissé* SOI *allant à l'inquiétude* ; *se* est
complément direct ; accord.

4. *Ils se sont* DITS *vos amis* ; c'est-à-dire *ils ont dit*
SOI *vos amis* ; accord.

5. *Ils se sont* DIT *adieu* ; c'est-à-dire *ils ont dit* A
SOI *adieu* ; point d'accord.

6. *Combien se sont* ÉGARÉS ! c'est-à-dire *combien
(d'hommes) ont égaré* SOI ; accord.

7. *Ils se sont* FAIT *souffrir l'un l'autre* ; le participe *fait* est suivi d'un présent de l'infinitif ; invariable.

8. *Ils se sont* LAISSÉ *battre* ; c'est-à-dire *ils ont laissé quelqu'un battre, battant* SOI. Ici ce n'est qu'un verbe pronominal apparent, car le pronom *se* n'est pas complément de *ont laissé*, mais de *battre* ; le complément *battre* ne précède pas ; point d'accord.

9. *En élevant bien nos enfants, disaient-elles, nous nous sommes* RENDU *le plus grand service, car nous nous sommes* RENDUES *heureuses* ; c'est-à-dire *nous avons rendu* A NOUS *le plus grand service, car nous avons rendu* NOUS *heureuses.*

SECONDEMENT. Si c'est un verbe pronominal essentiel, ce verbe ne pouvant pas être changé, il s'ensuit que le participe est toujours joint à l'auxiliaire *être* ; on lui applique donc la première règle. Exemple : *ils se sont* REPENTIS ; *elles se sont* EMPRESSÉES.

Toutefois, par une exception unique, le verbe *s'arroger*, quoique pronominal essentiel, se traite comme s'il était accidentel. On écrit : *L'autorité qu'ils se sont* ARROGÉE.

VII. *Participe dans le verbe unipersonnel.*

272. Lorsque le participe est dans un verbe unipersonnel, il reste invariable, probablement parce que cette sorte de verbe n'a, grammaticalement, ni sujet, ni complément direct. On dira donc : *Les fautes qu'il s'est* GLISSÉ *dans ce livre* ; *la patience qu'il* A FALLU *à Job.*

VIII. *Participes placés avant le nom.*

273. Il existe un certain nombre de participes qui, ayant été employés fréquemment sans accord avant le nom auquel ils se rapportent, ont fini par demeurer invariables, au point qu'aujourd'hui on les regarde, pour la plupart, comme des prépositions.

Les plus usités sont : *attendu, certifié, collationné, compris, excepté, ouï, passé, supposé et vu* : Exemple : Passé *huit heures, on n'entre plus.* Supposé *la permission du général.*

Les participes *ci-inclus* et *ci-joint* deviennent aussi invariables lorsqu'ils sont devant le nom, mais il faut pour cela qu'ils soient en tête de la phrase, comme : Ci-joint *une lettre pour votre frère.* Si le verbe se trouvait avant le participe, celui-ci deviendrait variable : exemple : *Vous trouverez* Ci-jointe *une lettre pour votre frère.*

IX. En *complément du participe.*

274. Lorsque le participe a pour complément direct le pronom *en,* il est invariable. Exemple :

> Hélas! j'étais aveugle en mes vœux aujourd'hui ;
> J'en ai fait contre toi, quand j'en ai fait pour lui.
> (Corneille.)

Mais pour cela, il faut que *en* soit réellement complément du participe. Dans cette phrase : *Combien Dieu* en a-t-il exaucés (Massillon), le participe n'est pas resté invariable, parce que *en* n'est pas complément du participe, mais de l'adverbe *combien.* De même, quand on dit : *Autant d'ennemis il a attaqués, autant il* en a vaincus ; le pronom *en* n'est pas complément du participe, mais de *autant* ; c'est comme s'il y avait : *Autant d'ennemis il a attaqués, autant* de ces ennemis *il a vaincus.*

X. *Participe* été.

274 bis. Le participe *été* est toujours invariable.

XI.

275. Comme, dans un certain nombre de verbes pronominaux accidentels, il n'est pas facile de voir d'abord si le pronom est complément direct ou complément indirect, s'il doit y avoir accord ou non, on a cru devoir présenter ici ceux qui offrent quelque difficulté.

S'apercevoir (apercevoir soi). *Ils se sont* APERÇUS.

S'attaquer (attaquer soi). *Ils se sont* ATTAQUÉS.

S'aviser (aviser soi). *Ils se sont* AVISÉS.

Se douter (douter soi). *Ils se sont* DOUTÉS.

S'échapper (échapper soi). *Ils se sont* ÉCHAPPÉS.

S'imaginer (imaginer à soi). *Ils se sont* IMAGINÉ.

Se persuader (persuader à soi). *Ils se sont* PERSUADÉ.

Se plaindre (plaindre soi). *Ils se sont* PLAINTS.

Se plaire (plaire à soi). *Ils se sont* PLU.

Se prévaloir (prévaloir soi). *Ils se sont* PRÉVALUS.

Se rire (rire à soi, en soi). *Ils se sont* RI.

QUESTIONNAIRE.

265. A quelle marque connait-on qu'un mot en *ant* est participe présent ?

266. Faut-il faire accorder le participe, quand *que* est complément, non de ce participe, mais d'un verbe placé après ? — 267, si ce dernier verbe est sous-entendu ? — 268, s'il est au présent de l'infinitif et qu'il puisse se tourner par le participe présent ?

269. Comment s'accorde le participe passé précédé de *le peu*, aussi bien *que*, ou, *un des* ?

270. Comment s'accorde le participe *fait* suivi d'un infinitif ? — 271, le participe des verbes pronominaux ? — 272, le participe des verbes unipersonnels ? — 273, le participe placé devant le nom ? — 274, le participe ayant pour complément direct le pronom *en* ? — le participe *été* ?

275. Comment s'accorde le participe passé des verbes pronominaux *s'apercevoir, s'attaquer,* etc.?

CHAPITRE VIII.

ADVERBE.

Adverbes employés substantivement.

276. Ce ne sont pas seulement les adverbes de quantité qu'on peut employer substantivement, un grand nombre des autres peuvent l'être aussi, au point de prendre même l'article. Exemple : LES DEHORS *de la ville sont plus agréables que* LE DEDANS. — *Il faut regarder* LE DESSOUS *aussi bien que* LE DESSUS.

Remarque sur quelques adverbes.

ALENTOUR.

277. *Alentour* est toujours adverbe, et il ne peut jamais être employé avec *de* comme expression prépositive. On ne dira donc pas : *Ses anges étaient* ALENTOUR DE *son trône.* Mais on dira bien : *Il était sur son trône, et ses anges étaient* ALENTOUR.

AUPARAVANT.

278. Ce qu'on vient de dire d'*alentour*, il faut le dire aussi d'*auparavant.* On ne pourrait donc pas mettre : *Il faut réfléchir* AUPARAVANT DE *parler* ; mais: *Il faut réfléchir* AVANT *de parler.* Il ne serait pas plus correct de dire : *Il faut réfléchir* AUPARAVANT QUE DE *parler.*

13

Ce serait une faute grossière de dire: AUPARAVANT *lui*, pour AVANT *lui*.

AUSSI, AUTANT.

279. Ces deux adverbes établissent un comparatif d'égalité; toutefois, ils diffèrent en ce que *aussi* s'emploie avec les adjectifs ou les adverbes, et se met toujours devant: *Il est* AUSSI *modeste qu'instruit.* — *Il parle* AUSSI *posément que sagement* ; tandis que *autant* s'emploie avec les participes et les verbes, et peut se mettre après. Exemple : *Il est estimé* AUTANT *qu'aimé.* — *On l'estime* AUTANT *qu'on l'aime.*

On peut même quelquefois mettre *autant* avec les adjectifs ou les adverbes, et, dans ce cas, on le place toujours après ; exemple: *Il est modeste* AUTANT *qu'instruit.* Il y a même plus d'énergie dans cette façon de parler que si l'on disait : *Il est* AUSSI *modeste qu'instruit.*

AUSSI, NON PLUS.

280. *Aussi* s'emploie dans les phrases affirmatives; exemple: *Le globe terrestre compte* AUSSI *parmi les planètes.* Et dans les phrases négatives on emploie *non plus*; exemple : *Athènes, qui n'avait pas été juste envers Milliade, ne le fut pas* NON PLUS *envers Aristide.*

COMME, COMMENT.

281. 1° *Comme* s'emploie quelquefois pour *comment*, et dans ce cas, il est adverbe. Ainsi on dit: *Voyez* COMME *ou* COMMENT *il travaille.* Mais, employé en interrogation, on ne peut pas mettre *comme* pour *comment*; on ne dira donc pas : COMME *vous portez* *cous?* C'est dans une phrase d'admiration qu'on met *comme.* Exemple: COMME *vous travaillez bien !*

2° Il faut bien se garder de mettre *comme* à la place de *que* après le premier membre d'une comparaison; de dire, par exemple: *Je ne le croyais pas aussi savant* COMME *il l'est;* mais dites: *Je ne le croyais pas aussi savant* QU'*il l'est.* C'est une faute qu'on fait dans quelques provinces du Midi.

DAVANTAGE.

282. 1° *Davantage* est le seul adverbe de quantité qui ne prenne pas un complément. On ne peut donc pas dire : *La vie a* DAVANTAGE *de peines que de plaisirs.*

2° On ne doit pas mettre *que* après *davantage ;* par exemple : *Il en a* DAVANTAGE QUE *moi.*

3° *Davantage* n'offrant que l'idée d'un comparatif, ne peut pas être employé dans le sens de *le plus,* qui forme un superlatif. Ce serait donc une faute de dire : *De tous les fruits, l'orange est celui qui me plaît* DAVANTAGE; il faut dire : *celui qui me plaît le plus.*

4° Ne mettez pas non plus *davantage* devant un adjectif, comme : *Il est* DAVANTAGE *instruit,* pour : *Il est* PLUS *instruit.*

PEU.

283. 1° Après *c'est peu,* suivi d'un infinitif, on ne doit pas mettre *que de,* mais seulement *de.* Il ne faut donc pas dire : C'EST PEU *que d'être poli, il faut encore être juste;* mais : C'EST PEU *d'être poli...*

2° Le mot *petit* placé avant *peu* est pour le moins inutile. Du reste, si l'on veut exprimer encore moins que *peu,* on peut dire : *Très-*PEU, *fort-*PEU.

PLUTÔT, PLUS TÔT,

284. Ne confondez pas *plutôt* avec *plus tôt*. Le premier signifie *préférablement* ; comme : *Cédez* PLUTÔT *que de disputer*. Le second veut dire *dans un temps plus rapproché*, comme : *L'hiver est arrivé* PLUS TÔT *qu'on ne l'attendait*.

TOUT A COUP, TOUT D'UN COUP.

285. *Tout à coup* veut dire *soudainement*. Exemple : *D'ordinaire, la mort vient* TOUT A COUP. *Tout d'un coup veut dire tout en une fois*. Exemple : *Alexandre avala la coupe d'Hercule* TOUT D'UN COUP.

TOUT DE SUITE, DE SUITE.

286. Quoique plusieurs semblent confondre ces deux expressions, elles ne laissent pas d'être fort différentes, et c'est une incorrection de les employer l'une pour l'autre. *Tout de suite* signifie *sur-le-champ*, comme : *On est obéissant qu'autant qu'on obéit* TOUT DE SUITE. *De suite* signifie *à la suite l'un de l'autre*, comme : *Habituez-vous de bonne heure à exprimer vos pensées, sans quoi vous ne pourrez jamais dire deux mots* DE SUITE.

TRÈS.

287. L'adverbe *très* ne peut s'employer que devant un adjectif ou un adverbe. On ne dira donc pas : *Ce livre est* TRÈS-*lu*. *Il a eu* TRÈS-*peur*.

VOICI, VOILA.

288. *Voici* désigne ce qui suit. Exemple :

Voici trois médecins qui ne se trompent pas :
Gaieté, doux exercice et modeste repas.

Voilà désigne ce qui précède. Exemple : *Du pain et du cresson,* VOILA *les mets des anciens Perses.*

Remarques importantes sur l'adverbe NE.

Il y a deux sortes de NE, *le négatif et le dubitatif.*

NE *négatif.*

I.

289. On met l'adverbe négatif *ne* :

1° Après un comparatif de supériorité ou d'infériorité, et toute expression adverbiale qui indique ces sortes de comparatifs. Exemples :

Les Syracusains, PLUS *touchés du malheur de Timoléon qu'il* NE *le fut lui-même, redoublèrent d'attentions à son égard.* (BARTHÉLEMY.)

Depuis l'invention de la poudre, les batailles sont beaucoup MOINS *sanglantes qu'elles* NE *l'étaient parce qu'il n'y a presque plus de mêlée.* (MONTESQUIEU.)

On dompte la panthère PLUTÔT *qu'on* NE *l'apprivoise.* (BUFFON.)

2° Après les mots *autre, autrement,* qui renferment aussi une idée de comparaison. Exemple : *On se voit d'un* AUTRE *œil qu'on* NE *voit son prochain.* (LAFONTAINE.) — *Te voilà immortel, mais bien* AUTREMENT *que tu* NE *l'avais prétendu.* (FÉNELON.)

NE *dubitatif.*

290. Lorsqu'on dit : *Je crains qu'il* NE *pleuve,* il est évident qu'on n'a pas l'intention de dire : *Je crains qu'il* NE *pleuve* PAS, et qu'il ne s'agit nullement d'une négation : d'ailleurs, la chose est entièrement douteuse. Ce *ne* n'est donc pas négatif, mais *dubi-*

tatif (1). Il y a donc en français deux sortes de *ne*, l'un négatif, dont nous avons parlé plus haut, et l'autre dubitatif.

Le *ne* dubitatif s'emploie dans plusieurs cas.

1er cas. On met le *ne* dubitatif après toute expression de *crainte*, comme : *Craindre, trembler, avoir peur, de crainte que, il est dangereux que,* etc. De même après *prendre garde,* ou *garder, éviter, empêcher, il ne tient pas à,* etc. Exemples :

Je CRAIGNAIS *que les Grecs* NE *nous communiquassent bien plutôt leurs arts que leur sagesse* (BARTHÉLEMY.)

On osait à peine parler DE PEUR *qu'il* N'*eût encore quelque chose à dire, et qu'on* NE *l'empêchât d'être entendu.* (FÉNELON.)

2e cas. On met aussi le *ne* dubitatif après *douter, nier, contester, disconvenir, désespérer,* et autres verbes équivalents, lorsqu'ils sont employés négativement, à moins que la chose dont il s'agit ne soit d'une certitude si évidente qu'on ne puisse élever aucun doute. Exemples :

On NE SAURAIT CONTESTER *que la diversité de mesures* NE *brouille les commerçants pendant un temps infini.* (J.-J. ROUSSEAU.) La chose pouvant être contestée, on a mis le *ne.*

Vous NE SAURIEZ DISCONVENIR *que ce remède* NE *soit meilleur que tous les autres.* (Mme DE SÉVIGNÉ.) La chose n'est pas incontestable on a mis le *ne.*

L'homme vertueux NE PEUT DOUTER *qu'il y ait un Dieu, à la vue de ses moissons.* (BERNARDIN DE ST-PIERRE.) L'écrivain n'a pas mis ici le *ne* dubitatif, parce que le doute n'est pas possible pour l'homme vertueux.

____

(1) Les Latins ont aussi leur *ne* dubitatif, car ils disaient : *Timeo* NE *pluat* (je crains qu'il ne pleuve).

3ᵉ cas. Enfin, on emploie encore le *ne* dubitatif après la locution conjonctive *à moins que*. Exemple : *Le lion n'attaque jamais l'homme,* A MOINS QU'*il* NE *soit provoqué.* (BUFFON.)

Observations sur le NE *dubitatif.*

Telle est la manière dont la plupart des écrivains ont employé le *ne* dubitatif, tel est l'usage le plus général. Cependant, il faut avouer qu'il leur est quelquefois arrivé de ne pas s'y astreindre. Nous ne donnons donc pas ces règles comme rigoureuses, mais seulement comme les plus suivies, en un mot, comme le meilleur usage.

OÙ QUE.

291. L'adverbe *où* suivi de *que*, tient la place de *en quelque lieu que*. Exemple : Où QUE *je sois, je ne vous oublierai jamais,* c'est-à-dire : EN QUELQUE LIEU QUE *je sois,* etc.

QUESTIONNAIRE.

276. Les adverbes de quantité sont-ils les seuls qu'on puisse employer substantivement?

277. Quelle est la règle de l'emploi d'*alentour* ? — **278,** d'*auparavant*? — **279,** d'*aussi, autant*? — **280,** d'*aussi, non plus*? — **281,** de *comme, comment* ? — **282,** de *davantage*? — **283,** de *peu*? — **284,** de *plutôt, plus tôt*? — **285,** de *tout à coup, tout d'un coup*? — **286,** de *tout de suite, de suite*? — **287,** de *très*? — **288,** de *voici, voilà*? — **289,** de *ne* négatif? — **290,** de *ne* dubitatif? — **291,** de *où que*?

CHAPITRE IX.

PRÉPOSITION.

A *comparé avec* DE.

291 *bis.* 1° Ce n'est pas la même chose de dire : *C'est à vous* A *parler*, ou *C'est à vous* DE *parler*. La première phrase signifie : *C'est à votre tour de parler*, et la seconde : *C'est votre droit de parler*, ou : *C'est votre devoir de parler*.

2° On ne doit pas dire : *Saigner au nez*, pour *perdre du sang par le nez* ; il faut dire : *Saigner* DU *nez*, ou PAR *le nez*. *Saigner* DU *nez*, employé au figuré, signifie aussi *manquer de courage dans l'occasion*.

3° Il y a de la différence entre *ne servir* A *rien*, et *ne servir* DE *rien*. *Ne servir* A *rien* indique une inutilité passagère et de circonstance; ainsi : *Ce qui ne sert* A *rien aujourd'hui peut être utile demain*. *Ne servir* DE *rien* indique une inutilité absolue et complète; ainsi : *Ce qui ne sert* DE *rien ne pourra jamais être utile*.

4° En quoi diffère *oublier* A de *oublier* DE? — *Oublier* A, c'est perdre l'habitude de faire une chose à force de ne pas la faire. Exemple : *Depuis trente ans qu'il habite la Russie, il a oublié* A *parler sa langue maternelle*. *Oublier* DE, c'est avoir omis une chose par oubli. Exemple : *J'ai oublié* DE *parler de cette affaire à mon avocat*.

5° On ne doit pas dire : *Le frère* A *mon oncle, la maison* A *mon ami*, pour : *Le frère* DE *mon oncle*, etc. Cet emploi de *à* pour *de* n'est permis que dans certaines expressions où l'usage l'a consacré, comme : *La barque* A *Caron*.

6° *Participer* A *une chose*, c'est y prendre part. Exemple : *Le chrétien est destiné à participer* A *la gloire et* AU *bonheur de Dieu même.* — *Participer* DE *quelque chose,* c'est tenir de la nature de cette chose. Exemple : *Le pathétique participe* DU *sublime, autant que le sublime participe* DU *beau et* DE *l'agréable.* (BOI-LEAU.)

A *la campagne,* EN *campagne.*

292. On ne doit pas confondre ces deux locutions. *A la campagne* signifie *dans une maison de campagne.* EN *campagne* signifie un voyage pour ses affaires, un déplacement de quelque importance dans un but qu'on se propose. On pourrait donc dire: *Pendant que ce négociant est* [EN *campagne, sa femme se fixe* A *la campagne.*

APRÈS.

293. On doit éviter de dire, [comme étant peu correct : *Il a une tache* APRÈS *son habit*; *la clef est* APRÈS *la porte*; *mettez les chevaux* APRÈS *la voiture.* Il est beaucoup mieux d'employer la préposition *à*. *Il a une tache* A *son habit,* etc.

A *travers,* AU *travers.*

294. A *travers* est une expression prépositive, elle prend un complément. Exemple : A *travers la forêt.* Au *travers* veut DE : AU *travers* DE *la forêt.*

DE.

295. 1° L'emploi de la préposition *de* change quelquefois considérablement le sens d'une phrase.

Ainsi : *Il ne fait que sortir* signifie : *Il sort sans cesse* ; et : *Il ne fait que* DE *sortir* signifie : *Il est sorti il n'y a qu'un moment.*

On sentira aussi la différence qu'il y a entre : *Il vient dîner*, et *il vient* DE *dîner, disposer quelqu'un* et *disposer* DE *quelqu'un* ; *juger une affaire*, et *juger* D'*une affaire, connaître une chose*, et *connaître* D'*une chose*, etc.

2° Ne dites pas : *Je crois* DE *le voir* ; *je compte* DE *partir* ; mais : *Je crois le voir* ; *je compte partir.*

Du reste, on dit également : *J'espère le voir* ; et *j'espère* DE *le voir* ; *je désire lui parler*, et *je désire* DE *lui parler.* Il ne faut pas dire en supprimant le *de* : *Crainte qu'il ne vienne*; mais : De *crainte qu'il* NE *vienne.*

AVEC.

296. Quoi que prétendent certains grammairiens, il n'y a pas de faute à dire : *Déjeuner* AVEC du *café* ; *souper* AVEC *du rôti*, etc., car cette expression est employée par de très bons auteurs. L'Académie dit également : *Déjeûner* D'*un pâté*, et *déjeûner* AVEC *des radis.*

DESSUS, DESSOUS.

297. Quoique *dessus* et *dessous* soient adverbes de leur nature, on peut néanmoins, s'ils se trouvent ensemble, les employer comme prépositions, c'est-à-dire avec un complément. Exemple : *Il a cherché* DESSUS *et* DESSOUS *la table* (ACADÉMIE.)

ENTRE, PARMI.

298. Ne confondez pas *entre* avec *parmi* ; *parmi* veut pour complément plus de deux objets, et *entre* n'en veut que deux. Exemples : *Soyez toujours bons,* *même* PARMI *les méchants. Louis XIII brille encore* ENTRE *son père, Henri IV, et Louis XIV, son fils.*

PRÈS DE, PRÊT A.

299. Ce serait une faute grossière de mettre *près de* pour *prêt a.* En effet, *près de* signifie *sur le point de*, c'est une locution prépositive ; et *prêt à* signifie *disposé à*, c'est un adjectif suivi de la préposition *à*, Exemple : *Vivez de manière à être* PRÊT *à mourir, quand vous serez* PRÈS DE *mourir.*

PRÈS, VIS-A-VIS.

300. Ces deux mots exigent après eux la préposition *de*, ce qui forme les expressions prépositives *près de, vis-à-vis de.* Exemple : PRÈS DE *la mer* ; VIS-A-VIS DE *la Sicile.* Néanmoins, dans le discours familier, on peut retrancher le *de*, comme *Beaucaire* est VIS-A-VIS *Tarascon, il loge* PRÈS *le Louvre.*

Cette suppression du *de* est même consacrée par l'usage dans certaines expressions, comme : *Passy* PRÈS *Paris, ambassadeur* PRÈS *telle cour.*

Répétition des prépositions.

301. Il n'est guère possible de donner des règles sur la répétition des prépositions ; voici cependant ce qu'on a observé de plus important à ce sujet.

1° Les prépositions *à, de* et *en* se répètent toujours, c'est-à-dire ne se sous-entendent jamais, probablement à cause de leur brièveté. Exemple : *On trouve les mêmes préjugés* EN *Europe, en Asie,* EN *Afrique et jusqu'*EN *Amérique.* (BUFFON.)

2° Quant aux autres prépositions, on n'est guère en usage de les répéter si les substantifs ont entre eux quelque rapprochement de signification. Exemple : *On gagne beaucoup* PAR *la douceur et la patience.* Mais on les répète ordinairement s'il n'y a pas entre les substantifs quelque rapprochement dans le sens: Exemple : *On gagne peu* PAR *la violence et* PAR *la ruse.*

Du reste, c'est le goût, plutôt que les règles, qu'on doit consulter sur cet article.

QUESTIONNAIRE.

291 *bis.* Quelle différence y a-t-il entre *c'est à vous à* et *c'est à vous de ?* — entre *ne servir à rien* et *ne servir de rien ?* — entre *oublier à* et *oublier de ?* — entre *participer à* et *participer de ?* — 292, entre *à la campagne* et *en campagne ?* — *Saigner au nez* est-il correct ?

293. Que doit-on éviter dans l'emploi de *après ?*

294. Que faut-il observer sur l'emploi de *à travers, au travers ?* — 295, sur l'emploi de *de ?* — 296, *de avec ?* — 297, *de dessus, dessous ?* — 298, *de entre, parmi ?* — 299, *de près de, prêt à ?* — 300, *de près, vis-à-vis ?*

301. Quelle est la règle relative à la répétition des prépositions ?

CHAPITRE X.

CONJONCTION.

ET.

302. La conjonction *et* est ordinairement employée pour ajouter une proposition à une autre. Exemple : *Il pleut* ET *il neige en même temps. Pleut-il* ET *neige-t-il ? Ne pleut-il pas* ET *ne neige-t-il pas ?*

Mais il arrive quelquefois que le mot *et* n'est employé que pour faire ressortir davantage la quantité des objets qu'on présente, et dans ce cas on le met en tête de chaque proposition. Exemple :

> On égorge à la fois, ET la sœur, ET le frère,
> ET la fille, ET la mère.   (RACINE.)

Dans ce dernier exemple, le mot *et* tient de la nature de l'adverbe autant que de celle de la conjonction, il a presque le sens d'*encore*.

NI.

303. La conjonction *ni* s'emploie pour unir deux propositions négatives, et alors elle tient la place de *et*. Exemple : *Il ne mange* NI *ne dort*, c'est-à-dire, *il ne mange pas* ET *il ne dort pas*. Seulement, avec *ni*, on omet le mot *pas* ou *point*.

Souvent, après *ni*, on sous-entend le verbe. Exemple : *Ne croyez pas que le coupable soit heureux,* NI *qu'il ait trouvé dans son péché la satisfaction qu'il y cherchait* (BOURDALOUE) ; c'est-à-dire NI *ne croyez qu'il ait trouvé*, etc.

De même que *et*, le mot *ni* est quelquefois employé pour faire ressortir davantage la quantité des objets, et alors il se met en tête de chaque proposition. Exemple : NI *l'or*, NI *la grandeur*, NI *les plaisirs*, NI *même les sciences ne sauraient contenter notre cœur*. Dans ce cas, le mot *ni* tient de la nature de l'adverbe autant que de celle de la conjonction.

On peut donc dire que le mot *ni* est pour les propositions négatives ce qu'est le mot *et* pour les affirmatives.

QUE.

304. 1° Après *et*, la conjonction la plus usitée en

français est *que* ; il est peu de phrases de quelque étendue où elle n'entre. Ordinairement, elle forme le passage d'une première proposition à une seconde qui sert à l'expliquer ou à l'étendre. Ainsi, quand on dit : *Je sais* QUE *mon âme et mon corps existeront éternellement*, la conjonction *que* conduit de la proposition *je sais* à la proposition suivante.

2° Une fonction assez remarquable de *que*, c'est de s'employer pour éviter la répétition d'une autre conjonction exprimée auparavant, ou même quelquefois d'un adverbe, comme *lorsque, quand, si, puisque, quoique, comme*, etc. Exemple : LORSQU'on *a tort et* QU'on *est raisonnable, on doit l'avouer*, c'ést-à-dire *et* LORSQU'on *est raisonnable*. COMME *il était tard et* QU'il *n'arrivait pas*, c'est-à-dire *et* COMME *il n'arrivait pas*.

COMME.

305. La conjonction *comme* a un grand nombre de significations. Les principales sont :

Ainsi que. Exemple : *La vie de l'homme est* COMME *une vapeur du matin*.

Autant que. Exemple : *Rien n'est doux* COMME *le souvenir d'une bonne action*.

Dans le temps que : Exemple : COMME *Abraham allait frapper, un ange l'arrêta*.

Parce que, puisque, vu que. Exemple : COMME *Dieu est éternel, il a le temps de récompenser et de punir*.

Presque, en quelque sorte. Exemple : *Un ami est* COMME *un autre nous-même*.

Ces observations s'adressent surtout à ceux qui traduisent le français en une autre langue ; il importe de saisir le vrai sens des mots.

PARCE QUE, PAR CE QUE.

306. Il ne faut pas confondre la locution conjonctive *parce que*, signifiant *attendu que*, qui ne s'écrit qu'en deux mots, avec *par ce que* en trois mots, qui est la préposition *par*, le pronom *ce* et le pronom relatif *que*, et qui signifie *par là* ou *les choses que*. Exemple : *Accordez à votre enfant, non* PARCE QU'il *demande, mais* PARCE QUE *la chose est raisonnable* ; c'est la locution conjonctive. PAR CE QU'*est encore aujourd'hui ce vieillard, jugez de ce qu'il a été autrefois* ; c'est la préposition, le pronom et le pronom relatif.

QUOIQUE, QUOI QUE.

307. Il faut bien distinguer aussi *quoique* conjonction, qui s'écrit d'un seul mot, de *quoi que* pronom indéfini, qui s'écrit en deux mots. Exemple : *Quoiqu'il fût l'offensé, il eut la noblesse de faire les premières démarches*; c'est la conjonction. QUOI QUE *fasse un prince, les flatteurs applaudissent toujours*; c'est le pronom indéfini.

QUESTIONNAIRE.

302. Qu'y a-t-il à observer sur la conjonction *et* ? — 303, sur la conjonction *ni* ? — 304, sur la conjonction *que* ? — 305, sur la conjonction *comme* ? — 306, sur *parce que* et *par ce que* ? — 307, sur *quoique* et *quoi que* ?

CHAPITRE XI.

INTERJECTION.

AH ! HA !

308. Lorsque l'interjection *ah !* commence par

l'a, elle exprime la joie, la douleur, le son de l'*a* étant comme prolongé par l'aspiration de l'*h* qui suit. Exemple : AH ! *que je suis content de vous voir !* Mais si elle commence par l'*h*, elle exprime la surprise, parce qu'elle forme comme un cri subit et aspiré : Exemple : HA ! *c'est vous !*

EH ! HÉ !

309. *Eh !* commençant par l'*e*, exprime l'étonnement. Exemple : EH ! *qui l'aurait cru ?* Tandis que s'il commence par l'*h*, il sert à appeler. Exemple : HÉ ! *arrivez donc.*

ô ! oh ! ho !

310. *O*, sans *h*, exprime divers sentiments, ou sert simplement à adresser la parole. Exemple : *O temps ! ô mœurs ! ô le plaisant homme ! ô mon Dieu !* Il prend toujours l'accent circonflexe.

L'interjection *oh !* commençant par *o*, marque la surprise, ou donne de la force à ce qu'on dit. Exemple : OH ! *quelle chute !* OH ! *pour cela, non.*

Si elle commence par l'*h*, elle exprime encore la surprise, mais elle sert aussi à appeler. Exemple : HO ! *venez un peu ici.*

QUESTIONNAIRE.

308. Qu'expriment les interjections *ah ! ha ?* — **309,** *eh ! hé ?* — **310,** *ô ! oh ! ho ?*

CHAPITRE XII.

PONCTUATION.

311. La ponctuation est l'art d'indiquer, par des

signes convenus, les diverses pauses qu'on doit faire dans le discours.

Les signes de ponctuation sont : la *virgule*, le *point-virgule*, les *deux points*, le *point*, le *point d'interrogation*, le *point d'admiration*, les *points de suspension* et l'*alinéa*.

La Virgule.

312. La virgule (,) indique la plus petite des pauses ; ses principaux usages sont :

1° De séparer les uns des autres les noms ou les adjectifs, soit sujets, soit compléments, soit attributs. Exemple :

> Le cœur, l'esprit, les mœurs, tout gagne à la lecture.
> Il sait régler ses goûts, ses travaux, ses plaisirs.
> Dans un chemin montant, sablonneux, malaisé.

Cependant, lorsque les noms ou les adjectifs ont entre eux une des conjonctions *et*, *ou*, *ni*, on est assez dans l'usage de supprimer la virgule.

2° Le second usage de la virgule est de séparer les membres d'une phrase, comme : *L'étude rend savant, la réflexion rend sage.*

Toutefois, si les membres de phrase sont unis par une des conjonctions *et*, *ou*, *ni*, on supprime ordinairement la virgule, à moins qu'ils ne soient d'une longueur à nécessiter un repos entre eux.

3° La virgule sert encore à remplacer un verbe sous-entendu. Exemple : *Le printemps donne des fleurs et l'automne, des fruits,* c'est-à-dire et *l'automne* DONNE *des fruits.*

4° On renferme entre deux virgules une phrase explicative ou incidente. Exemple : *Les éloges, étant à l'âme ce que le vin est au corps, ne doivent être donnés qu'avec réserve.* On a renfermé entre deux virgules l'incidente *étant à l'âme ce que le vin est au corps.*

5° On renferme aussi entre deux virgules un nom employé en apostrophe, parce qu'il forme une sorte de phrase incidente. Exemple :

Je crains Dieu, cher Abner, et n'ai point d'autre crainte.
(Racine.)

6° On emploie la virgule avant un verbe séparé de son sujet par une incidente d'une certaine étendue. Exemple : *L'homme qui aime vraiment Dieu de tout son cœur, vit toujours content.*

Le point-virgule.

313. Le point-virgule (;) marque une pause plus considérable que la virgule. On le met :

1° Entre les propositions semblables d'une certaine étendue. Exemple : *La confirmation perfectionne en nous la grâce du baptême ; — elle nous donne le courage de confesser la religion au milieu des persécutions ; — elle imprime en nous un caractère ineffaçable.* (Gaume.)

2° Après un membre de phrase qui forme un sens complet, mais dont dépend cependant le membre de phrase suivant. Exemple : *La douceur est, à la vérité, une vertu ; mais elle ne doit pas dégénérer en faiblesse.*

Les deux points.

314. Les deux points (:) indiquent une pause un peu plus longue que le point virgule. On les met :

1° Après une phrase finie, mais suivie d'une autre qui sert à l'étendre ou à l'éclaircir. Exemple : *La jeunesse, quoique fragile, croit pouvoir tout et n'avoir jamais rien à craindre : elle se confie légèrement et sans précaution.* (Fénelon.)

2º Avant de rapporter les paroles de quelqu'un. Exemple : *Boileau a dit avec raison : Rien n'est beau que le vrai.*

3º Lorsqu'on veut faire une énumération. Exemple : *Il y a deux choses qui ne peuvent faire que du bien : la sobriété et le travail.*

Le point.

315. Le point (.) marque la plus forte des pauses. On le met après un sens entièrement fini. Exemple :

Le travail est toujours le père du plaisir.
Je plains l'homme accablé du poids de son loisir.

Le point d'interrogation.

316. Le point d'interrogation (?) se met à la fin des phrases interrogatives. Exemple : *Quoi de plus beau que la vertu ?*

Le point d'admiration.

317. Le point d'admiration (!) qu'on appelle aussi *point d'exclamation*, se met à la fin des phrases qui expriment l'admiration ou l'étonnement. Exemple : *Qu'il est doux de soulager les malheureux ! — Dans l'homme, quel contraste de grandeur et d'abjection !*

Les points de suspension.

318. Les points de suspension (......) se mettent après une phrase qu'on ne finit pas et qui reste suspendue. Exemple : *Cette princesse remerciait Dieu de deux grâces : l'une, de l'avoir faite chrétienne, et l'autre...... Qu'attendez-vous, Messieurs ? Peut-être d'avoir rétabli les affaires de son fils ? Non, mais de l'avoir faite reine malheureuse. (BOSSUET.)*

L'alinéa.

319. L'alinéa consiste à quitter, sans la finir, la ligne qu'on écrivait pour en commencer une autre. On a soin de ne pas la recommencer tout à fait à la marge.

On emploie l'alinéa quand on change de sujet, de circonstance, de raisonnement ; en un mot, quand on arrive à un repos plus considérable que le point.

QUESTIONNAIRE.

311. Qu'est-ce que la ponctuation et quels en sont les signes ?

312. Quand emploie-t-on la virgule? — **313,** le point-virgule? — **314,** les deux points ? — **315,** le point ? — **316,** le point d'interrogation ? — **317,** le point d'admiration?—**318,** les points de suspension ?— **319,** l'alinéa ?

CHAPITRE XIII.

Remarques sur la prononciation des lettres dans certains mots, et sur la lecture.

A. 320. L'*a* ne se prononce pas dans Août, Saône, la ville d'Aoste et *taon*. Le nom propre anglais *Shakespeare* se prononce *Chekspire*.

AI. 321. AI a le son d'un *e* muet dans le participe *faisant*. Il a le son d'un *é* fermé dans les parfaits définis et les futurs, *je chantai, je chanterai* ; il a ce même son dans Aigu, Aiguille, plaisir, et *déplaisir*.

B. 322. Le *b* final ne se fait sentir que dans *radoub* et *rumb*, ainsi que dans les mots étrangers Caleb, Jacob, etc.

C. 323. Le *c* a le son du *g* dans *second* et ses dérivés (1).

Il ne se fait pas sentir devant le *q*, comme dans *acquérir*.

Le *c* final ne se fait pas sentir dans *accroc, ajonc. almanach, arsenic, banc, blanc, broc, clerc, cric, croc* (jeu), *estomac, flanc, franc, jonc, lac,* (lacet), *marc* (nom commun), *porc* (suivi d'un adjectif commençant par une consonne), *raccroc, tabac* et *tronc*.

Le *c* de *donc* ne se prononce guère que lorsque cette conjonction commence une proposition, comme : *Je pense, donc j'existe.* Il se fait toujours sentir dans *avec*.

D. 324. Le *d* final se prononce comme un *t* sur le mot suivant. Exemple : *Grand'homme*, prononcez *grant homme*. Si le mot suivant ne commençait pas par une voyelle ou une *h* muette, le *d* final ne se ferait pas sentir du tout, à moins qu'il ne fût dans un nom étranger, *David, Obed*.

Lorsque le *d* final est précédé d'une *r*, comme dans *abord*, ce n'est pas le *d*, mais l'r qu'on fait sentir dans le mot qui suit. On ne prononce donc pas *abord'agréable*, mais comme s'il y avait *abor'-agréable*.

E. 325. L'*e* ne se prononce pas dans *Caen*. Dans *hennir* et *indemniser*, ainsi que dans leurs dérivés, on a coutume de le prononcer comme un *a*, *hannir*, *indamniser*. *Solennel* se prononce *solannel*.

L'*e* a encore le son de l'*a* dans les adverbes terminés en *emment*, comme *ardemment, prudemment* ; prononcez *ardament, prudament*.

Dans le verbe *avoir*, on sait que l'*e* suivi d'un *u*

(1) On appelle *dérivé* un mot qui vient d'un autre mot ; par exemple, *seconder* est un dérivé de *second*.

ne se fait pas sentir : *J'eus, J'eusse*; prononcez *j'us, j'usse.*

E se prononce ouvert dans *est* verbe, et fermé dans *et* conjonction.

Quoique non accentué, l'*e* se prononce fermé dans les monosyllabes *ces, des, les, mes, ses, tes.* Toutefois, dans le discours soutenu, ces mêmes monosyllabes se prononcent ouverts : *Cès, dès, lès, mès, sès, tès.*

F. 326. L'*f* ne se fait pas sentir dans *bœuf gras, chef-d'œuvre, cerf-volant, nerf de bœuf, œuf dur, œuf frais*, non plus que dans *clef*, et les pluriels *bœufs, nerfs, œufs.*

G. 327. L'*u* qui suit le *g* se fait sentir dans *aiguille, aiguillon* (nom commun et nom de ville), *aiguiser, arguer, inextinguible, linguistique*, ainsi que dans *Le Guide* et *Guise* (nom d'hommes). Il a le son de *ou* dans *lingual.*

Il se prononce *gue* dans *agnat, cognat, diagnostic, Guide, gnome, gnostique, igné, ignition, inexpugnable, Progné, regnicole, stagnation.*

Il a le son d'un *k* dans *bourg.*

Il ne se fait pas sentir dans *Clugny, Regnaud* et *Regnard* (noms propres), non plus que dans *signet.*

Le *g* final ne se prononce que dans les mots étrangers. Cependant, lorsqu'il est suivi d'un mot commençant par une voyelle ou une *h* muette, il prend le son d'un *k*, comme *suer sang et eau*, prononcez *sank'-et eau.*

Le *g* se fait toujours sentir dans *jong* et jamais dans *legs.*

H. 328. Lorsque l'*h* d'un mot est aspirée, elle reste aspirée dans tous les composés de ce mot ; c'est ainsi que l'*h* étant aspirée dans *hardi*, elle l'est aussi dans *enhardir.*

On sait que l'*h*, précédée du *c*, produit une sorte d'aspiration, comme dans *chat*. Il y a cependant un grand nombre de mots, tirés des langues étrangères, surtout du grec, où, au contraire, l'*h* donne au *c* le son du *k*. Exemple : *Archiépiscopal, archonte, Chersonèse, Melchisedec, Michel Ange*, etc., etc. ; prononcez *arkiépiscopal, arkonte, Kersonèse, Melkisédec, Mikel-Ange*, etc.

Dans les noms anglais, *sh* se prononce comme *ch*. Exemple : *Shetland, Shernees* ; prononcez comme s'il y avait *Chetland, Chernees*.

I. 329. L'*i* ne se prononce pas dans *oignon*, non plus que dans *Montaigne* (nom d'homme). On est libre de ne pas le prononcer dans *poignet* et ses dérivés, *poignard, poignant*, etc.

L. 330. L'*l* finale ne se prononce pas dans *baril, chenil, coutil, fenil, fournil, fusil, gentil* (joli), *gril, nombril, outil, persil, soûl, sourcil*.

L'*l* finale est mouillée dans *avril, babil, cil, mil* (graine) *et péril*. On la mouille aussi dans *gentilhomme*, dont le pluriel *gentilshommes* ne fait pas sentir l'*l*.

M. 331. On ne fait pas entendre du tout l'*m* dans *damner, condamner* et leurs dérivés ; seulement, elle fait prononcer l'*a* plus long. Elle ne se prononce pas non plus dans *automne*, quoiqu'elle se prononce dans *automnal*.

Dans les mots qui commencent par *emm*, la première *m* se prononce comme un *n* : ainsi, *emmener* se prononce *enmener*.

L'*m* a aussi le son de l'*n* quand elle est placée devant un *b* ou un *p*, comme dans *plomb, trompette*.

L'*m* finale se prononce comme l'*n* dans les mots français. Exemple : *Dam, daim* ; prononcez *dan, daiN*. Mais dans les mots étrangers, l'*m* finale conserve sa prononciation. Exemple : *Sem, Cham.* Il faut excepter le nom *Adam*, où elle a le son de l'*n.*

N. 332. Dans *enivrer* et *enorgueillir,* la syllabe *en* se prononce comme si elle était détachée : *En'ivrer, en'orgueillir.*

L'*n* ne se prononce pas dans *Béarn*, ni dans *monsieur.*

On fait sentir l'*n* finale dans les mots suivants : *Abdomen, amen, Eden, gramen, hymen.*

Quand doit-on faire sentir l'*n* finale sur le mot suivant? C'est une question qui n'est pas sans importance. Voici la règle : *L'n finale ne se fait sentir sur le mot suivant que lorsqu'un repos entre les deux mots n'est pas possible.*

D'après cette règle, on fera sentir l'*n* finale dans *un enfant, bon ami, on assure, en Italie, bien honorable, j'en ai, il n'a rien à dire.* Mais on ne la fera pas sentir, parce que le repos est possible, dans *bon à dire; non immortel; certain et assuré; un paon encore jeune; il s'en trouva un assez hardi; arrivera-t-on aujourd'hui? donnez-en un peu; le bien et le mal; un rien attire son attention.*

D'après ce principe, on fera sentir l'*n* lorsque l'adjectif précédera le substantif, parce que le repos n'est pas possible, comme *divin enfant*; tandis qu'on ne la fera pas sentir si c'est le substantif qui précède l'adjectif, comme *un jardin agréable.*

O. 333. L'*o* ne se prononce pas dans *faon, Laon, paon.*

On a l'habitude de le considérer comme un *a* dans *roide* et *roideur,* qu'on prononce *raide* et *raideur.*

L'*o* est aspiré dans *onze* et *onzième* : *le onze du mois, le onzième.* Il est aspiré aussi dans *oui* employé substantivement, comme *le oui* et *le non.* — On est libre de l'aspirer dans *ouate*; on dit : *de l'ouate* et *de la ouate.*

P. 354. Le *p* ne se fait pas sentir dans *compter,* *dompter, prompt,* et leurs dérivés, non plus que dans *baptême;* cependant on le prononce dans *baptismal.*

Il est nul aussi dans *exempt* et ses dérivés, hors *exemption,* où il se prononce. On ne l'entend pas non plus dans *chevtel, sept,* mais bien dans *septante.*

Le *p* final ne se prononce que dans les mots étrangers, comme *Alep, jalap.* Dans le discours soutenu, le *p* de *coup* s'entend sur le mot suivant : *Un coup inattendu.*

Q. 355. Excepté dans les deux mots QUA*drille* et QUA*lité,* et leurs dérivés, la syllabe *qua* se prononce toujours *coua,* comme *aquatique, équateur, loquacité, quadrature,* etc. Cependant ce dernier mot employé comme terme d'horlogerie se prononce *kadrature.*

Qu a le son de *cu* dans *équestre, équiangle, équidistant, équilatéral, équitation, liquéfaction, questure, quinquagésime, Quinte-Curce, Quintilien, quintuple.* Partout ailleurs *qu* a le son d'un *k,* comme dans *liquéfier, quidam, quiétude, quinconce,* etc.; prononcez *likéfier, kidam, kiétude, kinconce.*

Quoique le *q* se prononce dans *coq,* il ne se prononce pas dans *coq d'Inde.*

R. 356. On fait sentir les deux *rr* dans les futurs et les présents du conditionnel des verbes *acquérir, courir, mourir, j'acquerrai, je mourrai* etc. On les fait sentir aussi dans *narration* et ses dérivés.

L'*r* finale des verbes en *er* ne se fait pas entendre devant une consonne ou une *h* aspirée; exemple : *aimer le travail;* on prononce *aimé...*

Dans les noms et les adjectifs terminés en *er,* la lettre *r* ne se fait jamais sentir ; exemple : *berger, étranger, oranger,* qu'on prononce *bergé, étrangé, orangé.* Sont exceptés de cette règle les mots *cuiller* (qu'on écrit même quelquefois *cuillère*), *enfer, lucifer, amer* et *hiver*, ainsi que tous les monosyllabes *fer, mer, fier*, etc.

L'*r* de *monsieur* ne se fait jamais sentir.

L'usage veut que le mot étranger *quaker* se prononce *couakre*.

L'*r* finale se prononce dans les mots étrangers : *magister, cancer, Esther*, etc.

S. 537. L's a le son du *z* dans *transition* et ses dérivés, dans *transaction* et *transalpin*, ainsi que dans *Alsace, balsamine* et *balsamique*.

Dans les mots suivants, l's se prononce sifflante comme s'il y en avait deux : *désuétude, entresol, monosyllabe, parasol, polysyllabe.*

Il en est de même des mots qui commencent par une *s*, qu'on a fait précéder d'une préposition latine ou grecque terminée par une voyelle, comme ANTI-*social*, CO*seigneur*, PRÉ*séance*, PRÉ*supposé*, etc.

L's finale doit se faire sentir dans les monosyllabes, comme *as, laps* (de temps) et même dans *relaps, lis* (mais non dans *fleur de lis).*

Elle se prononce aussi dans les mots étrangers, comme *blocus, chorus, flores, maïs, rébus, Rubens,* etc.

T. 538. Le *t* final se fait légèrement sentir dans les mots suivants : *Abject, aconit, brut, chut !* *compact, contact, correct, direct, dot,* (échec et) *mat, exact, fat, granit, huit, indult, infect, lest, luth, mat* (terne), *net, rapt, rit, strict, subit, tact, transit, zénith,* le *zist* et le *zest.* Il se fait sentir aussi dans les mots tirés des langues, comme *Accessit, déficit, est* et *ouest, toast, vivat,* etc.

Remarquez que lorsque le *t* final est précédé d'un *c*, comme dans *aspect, respect,* ce n'est pas le *t* qu'on fait sentir sur le mot suivant, mais le *c*; on prononce donc *aspec'horrible* et non *aspect'horrible*.

De même, si le *t* était précédé d'une *r*, ce ne serait pas le *t*, mais l'*r* qu'on ferait sentir sur le mot suivant. On dirait donc : *Un sor'heureux*, et non **un sort'heureux**.

Le *t* du mot *asthme* ne se fait pas sentir, non plus que celui de ses dérivés. On prononce *azme*.

Jamais on ne fait sentir le *t* de la conjonction *et*.

U. 339. L'*u* est aspiré dans *uhlan*, qu'on écrit aussi *hulan* et *houlan*; il l'est aussi dans ces mots : *Sur les une heure, vers les une heure.*

W. Le double *w* ne se trouve que dans quelques mots étrangers, et nous ne le prononçons que comme le *v* simple. Exemple : *Westphalie, Warwic*; prononcez *Vestphalie, Varvick.*

Il n'y a que les mots suivants où le double *w* ait une prononciation particulière : *Delaware* se prononce *Delavouère*; *Greenwich, Grinich*; *Law, Lâ*; *wihg, ouig*; *whist* et *wisk, ouist* et *ouisk*; *wiskei, ouiski*; *Newton* et *New-York, Neuton* et *Neuyork.*

On est dans l'usage de prononcer le double *w* comme un *u* quand il se trouve à la fin des mots, comme *Barrow, Mohilew*; lisez *Barrou, Mohileu.*

X. 340. L'*x* s'emploie le plus souvent pour deux consonnes, et c'est pour cela qu'on le regarde comme une lettre double.

Il tient la place tantôt d'un *c* et d'une *s*, comme dans *excuse, Xénophon*; tantôt d'un *g* et d'un *z*, comme dans *exemple, Xavier*; tantôt, enfin, de deux *s*, comme dans *Bruxelles.*

D'autres fois, l'*x* ne tient la place que d'une seule consonne; tantôt d'un *c*, comme dans *excellent*, tantôt d'une *s*, comme dans *six*; tantôt, enfin, d'un *z*, comme dans *sixième.*

L'*x* final se prononce comme *cs* dans *borax, lynx, préfix, sphynx, Styx*, il a le son de l's dans *Aix-en-Provence.*

Y. 341. L'y est aspiré dans ces mots étrangers : *Yacht, yatagan, yole* et *yocca.*

Z. 342. Le *z* final, qui dans les verbes, ne sert qu'à rendre fermé l'*e* qui précède, comme *vous chantez*, se prononce partout ailleurs comme une *s.* Exemple : *Achaz, Metz, Rhodez.*

Observations sur la lecture.

343. 1° Malgré ce qui a été dit en parlant de la ponctuation, il ne faut pas croire qu'on ne doive s'arrêter, dans la lecture, qu'aux seules pauses orthographiques ; le besoin de respirer nécessite un léger repos dans beaucoup d'endroits où il n'y a point de virgule. Ainsi il est difficile de lire d'un ton soutenu plus de six à huit syllabes sans prendre un peu de repos ; seulement, il faut prendre garde de ne s'arrêter qu'aux endroits où la pause n'obscurcit pas le sens. D'un autre côté, il y a des virgules où il ne faut faire qu'un très-léger repos, comme celles qui séparent des phrases explicatives dépendant de ce qui précède. Exemple : *L'homme le plus à craindre est celui qui, ayant perdu toute conscience, ne craint plus que les hommes.* Dans cette phrase, le besoin de respirer oblige de faire une pause après le mot *craindre* quoiqu'il n'y ait point de virgule ; et, comme le sens ne demande pas un repos sensible à la première virgule, il faudra nécessairement s'arrêter après le mot *celui* pour respirer. On lira donc ainsi : *L'homme le plus à craindre — est celui — qui — ayant perdu toute conscience — ne craint plus que les hommes.*

Remarquez qu'une pause entre le sujet et le verbe est possible; tandis qu'elle ne l'est pas entre le verbe et son complément, parce qu'elle nuirait au sens.

2° Quand on dit qu'une consonne finale doit se faire sentir sur le mot suivant, on ne veut guère parler que de la lecture ou du discours soutenu ; car, dans la conversation, cette manière de prononcer sentirait souvent l'affectation.

3° L'*e* muet placé après une voyelle dans les adjectifs et les participes, comme marque du féminin, rend cette voyelle plus longue : *poli, polie; aimé, aimée*; et dans les verbes, l'*nt* qu'on met à la troisième personne du pluriel ajoute encore à la longueur de la voyelle : *Il prie, ils prient ; il s'habitue, ils s'habituent.*

En poésie, l'*e* muet placé dans le corps du vers devant compter à l'oreille pour une syllabe, demande à être prononcé d'une manière sensible. Exemple :

Belle tête, dit-il, mais de cervelle point.　(LAFONTAINE.)

4° Il faut observer qu'en général les pluriels, soit dans les noms et dans les adjectifs, soit dans les verbes, exigent que la dernière syllabe sonnante du mot soit prononcée plus longue. On dira donc : *Il aimait, ils aimaient ; un arc, des arcs; la bataille, les batailles ; un objet, des objets ; la preuve, les preuves; le roi, les rois.*

5° Du reste, la lecture n'étant que l'écriture parlée, doit avoir presque les mêmes tons et les mêmes inflexions que la parole. Le lecteur doit d'abord bien comprendre et bien sentir ce qu'il lit ; puis faire en sorte que son ton fasse passer dans ses auditeurs et les pensées et les sentiments qui sont en lui. Il n'est guère possible de donner sur ce sujet des règles positives; voici cependant ce qu'on peut dire :

En général, on baisse le ton à la fin des phrases ordinaires, plus ou moins, selon que la pause est plus ou moins considérable.

On élève le ton à la fin des phrases interrogatives.

Lorsque la phrase exprime l'admiration, l'étonnement, on termine la phrase par un ton soutenu.

Une annonce, un titre, les mots entre parenthèses, une note, se lisent d'un ton moins élevé que le reste.

Enfin, s'il se rencontrait quelque mot d'une grande force, sur lequel il fallût attirer l'attention, on le prononcerait d'un ton plus élevé et plus énergique que le reste. Ainsi, le vieil Horace a d'abord blâmé son fils d'avoir fui devant les Curiaces; sur quoi on lui a adressé cette question :

> Que vouliez-vous qu'il fît contre trois?

Il répond avec son âme toute romaine :

> Qu'il mourût. (CORNEILLE.)

Ces mots : *Qu'il mourût,* doivent être prononcés avec une force et un sentiment particuliers.

CHAPITRE XIV.

FIGURES DE GRAMMAIRE.

344. On appelle *figures de Grammaire* certaines manières de s'exprimer qui s'éloignent de l'arrangement ou de la syntaxe ordinaire. On en compte quatre principales: l'*inversion*, l'*ellipse*, le *pléonasme*, et la *syllepse*.

I. -- L'Inversion.

345. L'inversion consiste en ce que les mots sont

arrangés autrement que dans la construction ordinaire. Puisque la construction ordinaire met d'abord le sujet, puis le verbe et enfin le complément, ou bien l'attribut, il y a inversion chaque fois que cet ordre n'est pas suivi. Exemple : *O nuit désastreuse ! ô nuit effroyable ! où retentit tout à coup, comme un coup de tonnerre, cette étonnante nouvelle : Madame se meurt, Madame est morte !* (BOSSUET.) La construction ordinaire eût dit : ..... *où cette étonnante nouvelle, Madame se meurt, Madame est morte ! retentit tout à coup, comme un coup de tonnerre.* On sent combien l'inversion a donné de force et de vivacité.

Cette figure s'emploie donc pour rendre le discours plus vif et plus énergique. Mais si elle le rendait obscur, elle serait un défaut, qu'il faudrait éviter.

II. — L'ellipse.

546. L'ellipse consiste dans la suppression de certains mots qu'aurait exigés la syntaxe régulière, mais que l'esprit supplée aisément. C'est ainsi qu'on dit par ellipse : *Celui qui rend un service doit l'oublier, et celui qui le reçoit, s'en souvenir.* L'esprit supplée aisément le verbe *doit*, qui a été supprimé après ces mots : *et celui qui le reçoit.* On voit que l'ellipse est ce qu'on appelle aussi *mots sous-entendus.*

L'ellipse s'emploie principalement pour rendre le discours plus rapide ; aussi la conversation est-elle remplie d'ellipses. Cette figure donne de la force à l'expression. Par exemple, dans cette phrase : *L'homme de bien fait son devoir, et, s'il y a péril, avec péril ;* il n'y aurait plus la même force si l'on disait, en faisant disparaître l'ellipse : .... *et, s'il y a péril, il le fait avec péril.*

Il faut éviter les ellipses qui obscurciraient le sens,

celles où l'esprit ne pourrait pas suppléer aisément ce qu'on aurait supprimé.

III. — Le pléonasme.

347. Le pléonasme consiste à employer plus de mots qu'il n'en faudrait rigoureusement pour le sens de la phrase. Il est donc le contraire de l'ellipse. Lorsque je dis : *Je l'ai vu de mes propres yeux*, il est évident que les mots *de mes propres yeux* ne sont pas indispensables pour le sens ; ils forment un pléonasme.

— Cette figure sert ordinairement à donner plus de force au langage. Toutefois, il faut éviter les pléonasmes qui n'ajoutent rien au discours, surtout s'ils ne sont pas autorisés par l'usage. Par exemple : *J'y ai été forcé* MALGRÉ MOI. — *Il n'eut* SEULEMENT *qu'à se montrer*. — *Je préfère* PLUTÔT *rester*.

IV. — La syllepse.

348. La syllepse consiste en ce qu'on s'éloigne des règles de la grammaire pour se conformer à la pensée qu'on a dans l'esprit. Par exemple, lorsque Racine dit : *Que pouvais-je espérer de plus glorieux que l'approbation d'une personne qui sait donner aux choses un juste prix, et qui est* LUI-MÊME *l'admiration de tout le monde?* Il met le pronom masculin *lui-même* pour rappeler le nom féminin *personne* ; mais c'est qu'il avait *un homme* dans l'esprit. Le même auteur offre un exemple remarquable de syllepse dans ces vers :

> Entre le pauvre et vous, vous prendrez Dieu pour juge ;
> Vous souvenant, mon fils, que, caché sous ce lin,
> Comme EUX vous fûtes pauvre, et comme EUX orphelin.

Le mot *pauvre* est au singulier, et cependant le mot *eux*, qui en tient la place, est au pluriel ; c'est que le poëte pensait à la multitude des pauvres.

Du reste, cette figure est moins rare qu'on pourrait le croire. C'est ainsi qu'il y a syllepse dans les phrases suivantes : *La plupart* SONT *de votre avis.* — *Les vieilles gens sont* PRUDENTS. — *Je paierai aux plus courtes échéances* POSSIBLES, etc., etc.

SYNONYMES, HOMONYMES, GALLICISMES.

349. Quoique les *synonymes*, les *homonymes* et les *gallicismes* ne soient pas des figures de grammaire, il est bon cependant d'en donner une idée.

Synonymes.

350. On appelle synonyme un mot qui a la même signification qu'un autre mot, ou du moins une signification approchante ; ainsi, *glaive* est synonyme d'*épée* ; *homme*, de *mortel* ; *joie*, de *plaisir*.

Homonymes.

351. On donne le nom d'*homonymes* à des noms qui se prononcent de la même manière, soit qu'ils s'écrivent de même, soit qu'ils s'écrivent différemment. Ainsi, sont homonymes, un *manche* d'outil, une *manche* d'habit, et la mer de la *Manche*. — La *fin* d'une chose, et la *faim* de l'estomac. — Un *cor* de chasse, et le *corps* humain, etc.

Gallicismes.

352. Ainsi qu'on l'a déjà vu, un gallicisme est une manière de s'exprimer particulière à la langue française, comme : *Il s'en croit.* — *Comment vous en* *va?* — *Il ne fait que de sortir,* etc., etc. Ces sortes d'expressions peuvent difficilement être soumises à l'analyse grammaticale ; le plus souvent, on est forcé de les analyser par le sens plutôt que par les mots. Ainsi, quand on dit : *Je* VAIS *partir,* le verbe *aller* n'exprime qu'un futur prochain : c'est pour *je partirai bientôt.* — Il VIENT *d'arriver* ; le verbe *venir* exprime un passé récent ; c'est pour *il est arrivé tout récemment.*—*Il* DOIT *faire froid en Sibérie* ; le verbe *devoir* exprime la nécessité ; c'est pour *il fait nécessairement froid.* — *Il* DOIT *venir demain* ; le verbe *devoir* exprime simplement le futur ; c'est pour *il viendra demain,* etc.

On voit que l'intelligence des gallicismes est indispensable pour traduire le français en une autre langue.

On a vu aussi que le gallicisme est un *idiotisme* de la langue française. Un idiotisme latin, c'est-à-dire une façon de parler particulière à la langue latine, s'appellerait *latinisme* ; un idiotisme grec serait un *hellénisme* ; un idiotisme allemand, un *germanisme* ; un idiotisme italien, un *italianisme,* etc.

QUESTIONNAIRE.

344. Qu'appelle-t-on figures de grammaire ?— 345. En quoi consiste l'inversion ? — 346, l'ellipse ? — 347, le pléonasme ? — 348, la syllepse ? — 350, Qu'appelle-t-on synonymes ?—351, homonymes ?—352, gallicismes ? etc.

CHAPITRE XV.

Remarques sur quelques mots.

353. AIDER. *Aider quelqu'un,* c'est le secourir

d'une manière quelconque. Exemple : *Un homme doit aider* UN AUTRE HOMME, *parce qu'il est son frère. Aider à quelqu'un,* c'est seulement lui porter un secours momentané, et dans une circonstance particulière. Exemple : *Aidez-*LUI *à deviner cette énigme.* (ACADÉMIE.)

354. AIMER. Lorsqu'il est suivi d'un nom verbal, *aimer* prend après lui la préposition *à.* Exemple : *Aimer à plaisanter ; il aime à obliger.* Mais, s'il se trouvait entre le verbe *aimer* et le nom verbal un des adverbes de comparaison *mieux, moins, autant,* on supprimerait la préposition *à.* Exemple : *Il aime mieux souffrir que de se plaindre. — J'aime autant écouter que parler.*

355. ALLER (en). Quand on dit : *Faire en aller tout le monde,* c'est pour faire *s'en aller tout le monde,* car *s'en aller* est un verbe pronominal essentiel.

356. ANIMAUX. Les mots exprimant les cris des animaux qu'il est le plus nécessaire de connaître sont les suivants : L'abeille *bourdonne.* L'âne *brait.* Le bœuf *beugle* et *mugit.* La brebis *bêle.* Le cerf *brame.* Le chat *miaule.* Le cheval *hennit.* Le chien *aboie.* Le petit chien *jappe.* Le cochon *grogne.* La colombe *gémit.* Le corbeau *croasse.* La grenouille *coasse.* Le lion *rugit.* Le loup *hurle.* Le mouton *bêle.* Le pigeon *roucoule.* La poule *glousse.* Les petits poulets *piaulent.* Le renard *glapit.* Le serpent *siffle.* Le taureau *mugit.* La vache *mugit.*

357. BAIGNER. *Baigner,* n'étant pas neutre, mais actif, devient nécessairement pronominal quand le sujet fait l'action sur lui-même. On ne dira donc pas : *Il est allé* BAIGNER, mais *il est allé* SE BAIGNER. Lorsqu'on dit : *Faire* BAIGNER *un cheval,* le pronom *se* est sous-entendu.

358. CHANGER (se). *Se changer* veut dire opérer en

soi un changement, et non changer de vêtements. On ne dira donc pas : *Vous êtes mouillé, changez-vous*, mais simplement... *changez*.

359. COLORER. COLORIER. *Colorer*, c'est donner de la couleur. Exemple : *Le soleil colore les fruits. Colorier*, c'est mettre le coloris, les couleurs à une estampe, etc.

360. CONSOMMER, CONSUMER. *Consommer* signifie amener à fin. Il se prend en mauvaise part, comme : *Il a consommé tout son héritage*; ou en bonne part, comme : *Consommer un établissement honorable*. Tandis que *consumer* ne signifie que détruire entièrement, comme : *Cette maison a été consumée en trois heures. — La fièvre le consume*.

361. CONTINU, CONTINUEL. *Continu* se dit de ce qui n'est jamais interrompu. Exemple : *Six heures d'un travail continu l'ont fatigué. Continuel* n'exclut pas toute idée d'interruption. Exemple : *La pluie est continuelle dans cette saison*.

362. ENNUYANT, ENNUYEUX. *Ennuyant* n'est pas précisément ce qui cause de l'ennui, mais ce qui contrarie actuellement. Exemple : *Cette pluie nous empêche de sortir, elle est fort ennuyante. Ennuyeux* est ce qui apporte de l'ennui. Exemple : *Un livre, un homme ennuyeux*. (ACADÉMIE.)

363. EVITER. Ne dites pas : *Je veux éviter cette peine à mon ami*, parce que, *éviter une chose* signifie s'en garantir soi-même, et non pas en préserver un autre. Il faut dire : *Je veux épargner cette peine à mon ami*.

> Non, seigneur, il lui faut épargner cet outrage.
>
> (VOLTAIRE.)

364. FAILLIR. *Faillir* s'emploie indifféremment ou sans préposition, ou avec *à*, ou avec *de*. On dira donc également : *Il a failli tomber, ou il a failli à tomber, ou il a failli de tomber.*

365. FIXER. *Fixer* signifie seulement arrêter, rendre stable, et non regarder fixement. Ce serait donc une faute de dire : *L'aigle fixe le soleil* ; il faut : *L'aigle regarde fixement le soleil.* Exemple : *Pendant qu'il me parlait, Diomède le regardait fixement.* (FÉN.)

366. FOND, FONDS. *Fond* (sans s) se dit généralement de la partie la plus basse d'un objet, de la partie la plus éloignée de l'entrée, etc. Exemple : *Le fond d'une rivière, d'une caverne, d'une étoffe.* *Fonds* (avec une s) est le sol d'une terre, de l'argent en sommes, en capital, ce qu'une personne possède de talent, etc. Exemple : *Un fonds de terre. — Il a des fonds placés. — Il a un fonds de jugement, de probité,* etc.

367. JOUIR. *Jouir* ne se dit qu'en bonne part, que d'un avantage. On ne peut donc pas dire : *Jouir d'une mauvaise santé.*

On ne doit pas non plus employer *jouir* pour signifier *maîtriser*, comme : *Cet enfant est si turbulent qu'on ne peut pas en JOUIR* ; il faut : *qu'on ne peut pas en ÊTRE MAÎTRE.*

368. OBSERVER. *Observer* veut dire remarquer. On ne peut donc pas dire : *Je vous OBSERVE cela,* ce qui signifierait : *Je vous remarque cela.* Il faut : *Je vous FAIS OBSERVER cela.* Par le même motif, on ne dira pas : *Je vous fais l'observation de cela* ; mais : *Je vous fais faire l'observation de cela.*

Toutefois, on dira bien : *J'observe que cela est ainsi,* c'est-à-dire *je remarque que cela est ainsi.*

369. PLIER, PLOYER. *Plier,* c'est mettre en double, c'est former des plis ; *ployer,* c'est faire courber. On *plie* une étoffe, on *ploie* une branche. *Plier* ne suppose pas d'efforts ; *ployer* en suppose.

370, Promener (*se*) Le verbe *promener*, n'étant pas neutre, mais actif, devient nécessairement pronominal lorsque le sujet fait l'action sur lui-même. On ne dira donc pas : *Je vais promener* ; mais : *Je vais* ME *promener*.

Lorsqu'on dit : *envoyer promener quelqu'un*, c'est que le pronom *se* est sous-entendu ; c'est pour *Envoyer quelqu'un* SE *promener*.

371. Raillerie. (*Entendre raillerie, entendre la raillerie.*) Il y a une grande différence entre ces deux expressions. *Entendre raillerie*, c'est bien prendre la raillerie ; exemple : *Sachez toujours bien entendre raillerie, et ne vous fâchez jamais. Entendre la raillerie*, c'est posséder le talent de railler ; exemple : *Peu de personnes entendent la raillerie innocente.*

372. Rappeler (*se*). Quoique *se rappeler* exige un complément direct, et qu'on doive dire, par exemple : *Je me rappelle cette aventure*, cependant, s'il avait pour complément un nom verbal, on serait libre de mettre *de*. On peut dire : *Je me rappelle* DE *l'avoir vu*, aussi bien que : *Je me rappelle l'avoir vu*. Et même cette première manière de parler est plus usitée.

373. Suppléer, act. *Suppléer une chose*, c'est y ajouter ce qui manque pour qu'elle soit complète ; exemple : *Suppléer dans une phrase* LES MOTS SOUS-ENTENDUS. On dit aussi *suppléer quelqu'un*, pour tenir sa place. Exemple : *Si je ne puis y aller, vous me suppléerez. Suppléer*, neutre, *suppléer à une chose*, c'est la remplacer par une autre, à peu près équivalente. Exemple : *Chez lui la vertu supplée* A LA NAISSANCE.

374. Zéphire, zéphyr. Il ne faut pas confondre ces deux mots : *zéphire* est le nom que les anciens donnaient au vent d'Occident, qu'ils personnifiaient même quelquefois ; tandis que *zéphyr* est le nom que nous donnons à toutes sortes de vents doux et agréables ; exemple : *La saison des* ZÉPHYRS.

375. Remarques sur quelques expressions vicieuses.

Ne dites pas :	*Mais dites :*
Il EN a bien agi ; il EN a mal agi.	Il a bien agi, il a mal agi.
Il ne DÉCESSE pas (*décesser* n'est pas français).	Il ne CESSE pas.
Je l'ai DÉPERSUADÉ (*dépersuader* n'est pas français).	Je l'ai DISSUADÉ.
Se lever, arriver A bonne heure.	Se lever, arriver DE bonne heure.
Comme de JUSTE.	Comme de RAISON.
Un LINCEUIL.	Un LINCEUL.
Acheter, vendre bon marché.	Acheter, vendre à bon marché.
A midi PRÉCISE (*midi* est masculin).	A midi PRÉCIS.
Faire une chose à la perfection.	Faire une chose EN perfection.
Un homme RANCUNEUX (*rancuneux* n'est pas français).	Un homme RANCUNIER.
Il RESTE dans telle rue.	Il DEMEURE dans telle rue.
C'est TENTATIF (*tentatif* n'est pas français).	C'est TENTANT.

FIN.

TABLE DES MATIÈRES

par ordre de chapitres.

—

PREMIÈRE PARTIE.

DEUXIÈME PARTIE.

Syntaxe.

FIN DE LA TABLE.

Lons-le-Saunier, imp. Gauthier frères.

Ouvrages classiques de la Société de Paris.

Qui se trouvent chez les mêmes ...

Méthode de lecture in-12, cart.
Collection de tableaux corre...
Premières lectures graduées,
  in-12, cart.
Deuxièmes lectures, idem.
Manuel abrégé de l'Histoire ...
Manuel d'Histoire Sainte.
Histoire des peuples anciens, in-12 ...
Manuel de Géographie.
Manuel abrégé de Géographie.
Précis de l'Histoire de France, jusqu'à ...
  périodes.
Petit Manuel de Géographie, in-12.
Exercices adaptés à cette Grammaire, id.
Grammaire complète, id.
Exercices correspondant à cette Grammaire.
Corrigé des Exercices, id.
Arithmétique des commençants, in-18, cart.
Petit manuel d'arithmétique, in-18, cartonné,
  composé d'un grand nombre de problèmes.
Arithmétique complète, in-12, cart.
Solutions des problèmes des deux Manuels d'a-
  rithmétique.
Manuel de géographie, in-12 cart.
Cours gradué de dictées.
Premier cahier d'architecture.
Deuxième, idem.
Troisième, idem, avec dix planches de Inde...
Sept cahiers d'écriture de M. Caistau, renfer-
  mant chacun un genre d'écriture différent.

Lons-le-S., imp. de GAUTHIER FRÈRES.

www.ingramcontent.com/pod-product-compliance
Ingram Content Group UK Ltd.
Pitfield, Milton Keynes, MK11 3LW, UK
UKHW022208120726
13694UKWH00002B/463